AI 시대,
최고 멘토의
특별한 진로코칭

AI 시대, 최고 멘토의 특별한 진로코칭

펴낸날 2024년 12월 10일 1판 1쇄

지은이_배상기
펴낸이_김영선
편집주간_이교숙
교정·교열_나지원, 정아영, 이라야
경영지원_최은정
디자인_바이텍스트
마케팅_신용천

펴낸곳 미디어숲
주소 경기도 고양시 덕양구 청초로 10 GL 메트로시티한강 A동 20층 A1-2002호
전화 (02) 323-7234
팩스 (02) 323-0253
홈페이지 www.mfbook.co.kr
출판등록번호 제 2-2767호
값 17,800원
ISBN 979-11-5874-238-6(03370)

미디어숲과 함께 새로운 문화를 선도할 참신한 원고를 기다립니다.
이메일 dhhard@naver.com (원고 투고)

배상기 지음

AI 시대, 최고 멘토의 특별한 진로코칭

AI의 파도를 넘어
미래로 성장하는
진로 로드맵

미디어숲

나만의 콘텐츠가
대학 졸업장보다 중요한 시대다!

우리는 자본주의 사회 속에서 살아간다. 자연스럽게 유망한 분야에 자본이 집중되는 흐름을 목격하곤 한다. 자녀가 자신의 꿈을 실현하고 만족스러운 삶을 살기 위해서는 이러한 변화의 중심에서 직업 역량을 키우는 것이 중요하다. 특히 인공지능 시대가 도래하면서 미래 직업과 산업 지형이 급격히 변화하고 있다. 부모로서 우리 아이들의 성공적인 진로를 위해 지금부터 어떤 준비를 해야 하며, 어떤 분야에서 일할 수 있도록 이끌어야 할까?

2023년 겨울, 서울의 H 여고 학생들을 대상으로 진로 워크숍을 이틀간 다녀왔다. 워크숍에서 한 1학년 학생이 질문했다. 그 학생의 아버지는 두 군데 매장에서 유통업을 크게 한다고 했다.

현재 학생의 성적은 6등급인데 열심히 공부하면 수도권 일반대학에 갈 수 있느냐고 물었다. 학생과 조금 더 이야기해 보니 성적이 크게 오를 것 같지는 않았다. 왜 4년제 대학을 가고 싶으냐고 했더니, 사회에서 4년제 대학을 나와야 더 인정해 주지 않느냐고 반문했다. 내가 말했다.

"네가 원하는 그 대학을 나왔다고 누가 얼마나 인정해 주고, 인생이 얼마나 달라질까? 세상은 네가 어떤 사람이든 어느 대학을 졸업했든 크게 관심 없어. 오히려 네가 이 사회에서 어떤 역할을 할 수 있는 '능력'이 있는지를 더 중요하게 보고 있어. 네가 공부로 인생에서 성공하기 힘들다면, 돈을 벌어 성공해 보는 건 어떨까? 부모님이 유통업을 하시니 대학을 빨리 졸업하고 그 일을 시대에 맞게 발전시킨다면 더 나은 진로 선택이 아닐까?"

이 학생은 부모님의 사업을 도우며 진로를 찾는 것이 바람직하다고 생각한다. 일반대학에 진학하는 것은 좋지만, 단순히 4년제 대학을 졸업한다고 해서 높은 연봉을 기대하기는 힘든 현실이다. 하지만 부모님의 사업을 함께하며 자신의 역할을 확장해 나간다면, 월급 이상의 소득을 올릴 수 있을 것이다. 이미 부모님이 닦아 놓은 기반 위에서 성장할 수 있으니, 마치 거인의 어깨 위에 올라선 것과 같다.

인공지능 시대를 살아갈 미래 세대는 대기업에 속해 보수를 받으며 살 기회가 점점 줄어들고 프리랜서가 많아질 수밖에 없다. 이른바 건당 노동을 하는 긱 이코노미^{Gig economy} 사회다. 이때 개인에게 필요한 것은 자신만의 콘텐츠다. 좋은 콘텐츠가 있는 사람은 높은 수입을 올릴 수 있지만, 자기만의 콘텐츠가 없는 사람은 그렇지 못할 것이다. 이 콘텐츠야말로 대학의 졸업 여부보다 더 중요하다.

사람들은 자신의 만족과 자기의 문제를 해결해 주는 사람에게 돈을 지불하기에 그것을 만족시켜 줄 수 있는 콘텐츠가 있다면 어떤 미래가 다가와도 살길을 찾을 수 있다. 다른 사람의 문제를 해결하고 만족시켜 줄 수 있는 자신만의 콘텐츠를 준비하는 것이 진로다.

이런 면에서 나는 진로가 대학을 꼭 거쳐야 하는 과정이라고 이야기하지 않는다. 어느 대학에서 무슨 전공을 했다고 해서 사회에서 두 손 벌려 기다리지 않는다. 대학에 진학하는 것이 400만 청년 백수 중 한 명으로 직행하는 길이 될 수도 있다. 따라서 현재 사회에 널리 퍼져있는 진로 지도, 즉 고등학교를 졸업하면 바로 대학에 가는 것이 진로 결정의 전부인 것처럼 말하는 진로 지도는 바뀌어야 한다. 대학은 나중에 가도 된다. 20대 때 돈을 벌 수 있어야 한다. 20대에 돈을 벌지 못하면 평생을 빈곤하게 살아야 한다는 한 연구는, 수명 100세 시대를 준비하는 청년들을 더욱 암울하게 만든다. 돈을 벌지 못하는 방향으로 인도하는 진로 지도는 공허하고 의미가 약하다.

K 군은 고등학교 시절 방황하며 공부를 소홀히 하다가 대학 진학을 포기하고 군에 입대했다. 군대 전역 후 유학을 떠나 회계학을 공부했다. 졸업 후 세계적인 기업의 아시아 태평양 지부 책임자가 되었고 이후 미국의 한 기업의 사장으로 스카우트되었다. 성장해야 하는 삶의 길목에서 방황하며 공부와 담을 쌓은 것처럼 엉뚱한 일만 하고 다녔던 청소년이었다고는 상상할 수 없는 사람이 된 것이다. 다른 한 친구는 대전의 국립대학 자율전공에 입학한 후에 로스쿨을 마치고 변호사가 되었다. 전공을 정하지 못한 채 대학에 진학했지만, 자신의 정체성을 찾은 후 미래를 설계하고 도전한 것이다.

서둘러 진로를 결정하기 위해 무리하게 청소년 시기의 삶을 희생할 필요는 없다고 생각한다. 몇 년씩 앞당겨 선행학습을 할 필요도 없다. 대학 진학이 진로의 전부가 아니다. 사회에서 대학 졸업자여야만 인정받는 것도 아니다. 제대로 된 실력을 키우는 것이 우선이다. 앞으로 많은 직업을 경험하게 될 미래 세대에게 단 하나의 진로를 빨리 결정하라는 것은 청소년을 위한 조언이 아니다.

급격히 변화하는 사회에 유연하게 대처할 수 있는 능력을 키워야 한다. 변화하는 시대의 흐름에 살아남도록 자녀를 이끌어야 한다. 부디 자아를 실현하면서 경제적으로도 안정된 진로를 위해 능력을 키우는 데 집중하기를 바란다. 그것은 대학과 생계를 뛰어넘는 삶의 질을 위한 선택이다.

이 책은 진로를 고민하는 청소년들과 학부모들이 진로 방향을 잡는 데 도움이 될 수 있기를 바라는 마음으로 썼다. 빠르게 변해가는 사회 속에서 혼란스러운 학부모님들께 이 책이 자녀 진로 지도의 훌륭한 안내서가 되기를 기대해 본다.

저자 배상기

차례

프롤로그 나만의 콘텐츠가 대학 졸업장보다 중요한 시대다! 8

Part 1 사람들이 기꺼이 돈을 쓸 일을 하라

돈은 가치를 평가하는 최고의 지표 21
원하는 직업도 돈을 못 벌면 불행하다 24
세상은 교양이 아니라 돈이 움직인다 26
시장의 수요와 개인의 욕구 31
교대라는 진로 선택 33

내 콘텐츠를 사람들이 살 것인가? 36
미용 전공 교수의 자녀 진로 지도 38
미술로 먹고살 줄 알았는데 41
브랜드에서 적합성으로 44

생각의 프레임을 바꿔라 52
인생은 단거리 경주의 연속 57
더 큰 '나'를 만들어라 62
훌륭한 태도가 경쟁력이다 68

Part 2   인공지능 시대를 위한 현실적 진로 설계

Part 3 내 아이의 진로를 어떻게 찾아야 할까?

사람들이
기꺼이 돈을
쓸 일을 하라

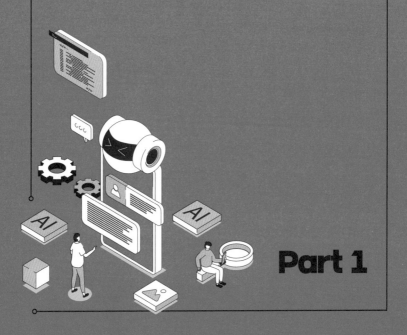

Part 1

돈은 가치를 평가하는
최고의 지표

"꿈을 이룬다는 것은 무엇을 의미합니까?"

학부모 대상으로 강의를 시작할 때 가장 먼저 던지는 질문이다. 부모라면 누구나 자녀가 잘 되길 바란다. 여기서 '잘 된다'라는 것은 곧 자녀가 잘살기를 바라는 마음을 의미한다. 좋은 직업을 가지고, 좋은 사람을 만나 가정을 꾸리며, 경제적 안정과 사회적 지위를 확보해 어려움 없이 행복한 삶을 누리는 것이 부모가 꿈꾸는 자녀의 성공적인 인생일 것이다.

많은 부모는 이러한 인생을 위해 자녀를 좋은 대학에 보내는 것이 가장 확실한 해결책이라고 믿는다. 그래서 때로는 자녀의 능력과 적성을 고려하지 않고, 큰돈을 들여 대학에 보내려 한다. 대학만 가면 사회에서 자연스럽게 좋은 직업을 얻고 인정받을 거라는 기대 때문이다. 그 말은 맞다. 학력이 좋으면 사회에서 좋은 직업과 직장을 얻고 경제적 자립을 이루기 쉽다. 사회적으로 인정받을 기회도 많다. 하지만 모두가 그렇게 되기는 어렵다. 오히려 부모와 개인의 희망으로 끝나는 경우가 많다. 대학을 졸업하는 모든 사람이 좋은 일자리를 얻기에는 그들이 원하는 일자리가 그들이 원하는 만큼 준비되어 있지 않다. 또 그런 직업과 직장만이 우리에게 경제적 자립을 주고, 사회적으로 인정받을 기회를 주는 것도 아니다.

세상의 직업은 우리가 하고 싶은 일을 하라고 존재하는 것이 아니다. 고용주가 돈을 많이 벌기 위해서, 그가 원하는 것을 얻기 위해서 만든 것이 일자리다. 그러므로 고용주가 필요로 하는 능력을 갖춰야 고용된다. 대기업은 대기업대로 필요한 인재 유형이 있고, 중소기업은 그 나름의 기준이 있다. 공무원이나 교사, 그리고 공공기관도 필요한 조건이 있다. 그 조건에 맞아야 일자리를 얻을 수 있다.

일자리는 한정되어 있다. 특히 대졸 수준의 일자리는 더욱 그렇다. 대졸자는 점점 많아지고 있지만 모든 대졸자를 수용할 만큼의 일자리는 부족하다. 전국 여러 산업공단의 기업은 외국인 노동자들로 채워지고, 청년들은 대학을 졸업했다는 이유로 회피하고 있다.

그런데 대학 입학 정원이 고등학교 졸업생 수보다 많은 것이 현실에서 대학에 가지 않으면 뭔가 흠결이 있는 사람처럼 보일 수도 있다. 하지만 대학 진학보다 더 중요한 것은 경제적 자립을 할 수 있느냐는 능력, 즉 생존 능력이다. 대학에 간다는 것은 경제적 자립을 하기 위한 발판을 마련하기 위한 것이지 대학 진학, 그 자체로 만족하기 위한 것이 아니다. 대학에 간다고 다른 사람이 돈 벌 기회를 주는 것도 아니다. 스스로 찾아야 한다.

　꿈을 이룬다는 것은 대학 졸업 후 좋은 직업을 구하는 것도 포함하지만, 결국 평생을 살아갈 능력을 갖추고 원하는 삶을 꾸리는 것이다. 어떤 사람은 직업을 꿈으로 생각하고 도전하며, 어떤 사람은 그 이상의 것을 원한다. 그러나 또 다른 사람은 그런 생각까지도 하지 못한 채 대학만 가면 마치 꿈을 이룬 것처럼 착각한다. 그렇게 교육을 받아 왔기 때문이다. 좋은 대학을 졸업하면 좀 더 많은 기회를 가질 수는 있겠으나 오히려 그것이 발목을 잡을 수도 있다. 진로 결정을 어떻게, 왜, 무엇을 기준으로 하는지를 고민해야 한다.

　진로 결정은 대학을 위해서일까?

　직업을 위해서일까?

　아니면 원하는 삶을 위해서일까?

원하는 직업도
돈을 못 벌면 불행하다

내가 처음 교사로 발령을 받았을 때 부모님은 기쁨에 잠을 이루지 못하셨다고 한다. 특히 어머니는 자식이 교사가 되었으니 주변에 자랑스럽게 말하고 다니셨다. 그러나 교사는 단지 교사일 뿐이었다. 월급은 그저 생계를 유지하는 수준이었다. 하지만 수업 시간에 아이들과 교감하며, 그들이 성장하도록 도와주는 데서 큰 보람을 느꼈다. 아이들이 공부를 잘하는 모습을 지켜보는 기쁨도 컸다. 문제는 그 기쁨이 나의 경제적 어려움을 제대로 해결해 주지는 못했다는 것이다. 늘 빠듯한 생활이 이어졌고, 삶의 질적인 측면에서 부족함이 있었다. 눈을 들어 세상을 보니 더 높은 보수를 받는 직업이 많았다.

1987년, 충주에서 교편을 잡고 결혼했을 때 살았던 집은 전세 250만 원짜리 단칸방이었다. 방문을 열면 바로 마당이었고, 부엌은 마당을 지나서 가야 하는 전통적인 단독주택의 문간방이었다. 돈이 없으니 그런 선택을 할 수밖에 없었다. 종잣돈이 없어 보증금은 은행에서 대출받았다. 사랑하는 아내와 아파트에서 살고 싶었지만 경제적 능력이 미치지 못했다. 그러다가 서울로 이

직해서 얻은 집은 화장실도 바깥에 있었고 연탄보일러가 있는 옛날 2층집. 단열도 되지 않아 겨울에는 춥고 여름에는 더웠다. 학교에서도 멀고 교통도 불편한 동네였다. 돈이 없어 전세금을 충당하기 위해 다시 은행에서 대출받았다. 교사라는 직업은 항상 은행에 대출이 있는 삶이었다. 퇴직하고 나서야 은행 빚을 갚았다. 우리나라의 평균 직장인의 삶과 다를 바가 없었다. 직업에 대한 평가는 좋은데도 말이다.

그때 나보다 성적이 좋지 않았던 친구는 더 나은 직장을 잡아서 내가 받는 보수의 2배 정도 받는다는 것을 알았다. 그러자 '진로'와 '인생'에 대해 다시 고민하게 되었다. 나 혼자 버는 월급으로 살림을 꾸리려고 애쓰는 아내를 보면 더욱 고민이 깊어졌다. 때로는 서울의 내로라 하는 명문 대학을 졸업하고서도 제대로 일자리를 잡지 못한 친구를 보면서 위안을 삼기도 했다. 그러면서 세상을 제대로 살려면 '돈을 넉넉하게 벌어야 하겠구나' 하는 생각을 떨치지 못하면서 살았다.

어렵게 집을 사기 위해 대출을 받고 보니, 가정 경제가 더 어려워졌다. 아이들이 먹는 과일도 싱싱한 것을 사지 못하고, 싸고 흠이 있는 것들만 살 수 있었다. 필수적인 지출 이외는 생각할 수 없는 시절에 마트에서 10여 만 원을 쓰고 온 날이었다. 아내와 둘이 가정 경제에 대해 걱정하는 말을 주고받았다. 그 말을

들은 초등학교 3학년인 첫째 아들은 일기에 이렇게 적었다. "오늘은 이마트에서 10만 원을 넘게 썼다. 이러다가 우리는 얼마 안 가서 거지가 될 거 같다." 경제적으로 궁핍한 것을 아이들이 알면서 기를 펴지 못하는 것에 마음이 아팠다.

자본주의 사회에서는 원하는 직업을 선택하는 것이 중요하지만, 그 직업을 통해 받는 보수도 중요하다. 보수가 충분해야 한다. 이는 경제적 안정과 개인의 삶의 질을 높이는 데 필수적이기 때문이다. 원하는 일을 하면 이 사회에서 행복하게 살 것 같지만, 실제는 그렇지 못하다. 그것만으로는 부족하다. 원하는 일을 하면서도 경제적 보수를 넉넉히 받을 수 있어야 한다. 그런 다음 사회에 도움이 되는 일을 한다면 충분한 보람을 얻을 수 있다.

세상은 교양이 아니라
돈이 움직인다

나는 세상을 움직이는 것은 돈이라는 것을 깨달았다. 돈의 힘을 느끼기 때문이다. 젊었을 때는 몰랐다. 살아보니 돈의 소중함을 느낀다. 돈이 없으면 생존 자체가 힘들다. 경험을 통해 돈이 얼마나 중요한지를 깊이 깨달았다. 그래서 진로 강연에서 남들이 잘 꺼내지 않는 경제적인 측면의 중요성을 다룬다. 어릴 때부터 돈의 중요성을 교육해야 한다고 강조한다. 돈의 개념과 중요함, 저축하고 투자하는 방법에 대해 학생들에게 알려 줘야 한다.

　인생의 진로는 'BD4C'로 요약할 수 있다. 즉, 태어남^{Birth}과 죽음^{Death} 사이의 삶은 4가지 요소, 즉 기회^{Chance}, 선택^{Choice}, 도전^{Challenge}, 변화^{Change}로 이루어진다. 우리는 살아가는 동안 수많은 기회를 마주하게 되고, 그 기회를 선택하며, 선택한 기회에서 도전하고, 그 과정에서 스스로 변화를 이루어 원하는 목표를 달성해 나간다.

　언제 어떤 기회가 올지 모르므로 평상시 준비가 되어 있어야 한다. 또한 다른 사람과 협력해 기회를 활용할 수 있어야 한다. 그러나 많은 부모가 자녀의 진로 지도를 할 때 단순하게 접근하는 경향이 있다. 예를 들어, 명문 대학에 진학하면 자연스럽게 기회가 찾아올 것이라고 생각하는 경우가 많다. 그러나 인생은 학벌만으로 설명될 수 있는 것이 아니며, 세상은 출신 학교만으로 살아갈 수 있는 곳이 아니다. 명문 대학을 졸업했지만, 오히려 학벌이 낮은 사람에게 고용된 경우가 많다는 사실이 이를 잘 보여 준다. 명문 대학에 진학하지 못하면 인생의 패배자라고 생각하는 사람이 많지만, 의외로 많은 사람이 명문 대학 출신을 거느리고 살아간다.

살아가면서 우리는 많은 고난에 부딪히게 된다. 그중에서도 금전적인 어려움은 큰 부분을 차지할 것이다. 경제적인 여유가 없으면 마음에 여유가 없어지고, 작은 이익에 지나치게 민감해지며 서로 예민해진다. 게다가 돈이 부족하면 하고 싶은 일을 제대로 실현하기 어려워진다.

우리 자녀들은 불확실한 세상에 직면할 가능성이 많아졌다. 따라서 평생직장의 개념이 사라진 시대에 좋은 대학과 직장만을 고집하다 보면 오히려 경제적 자립이 멀어지면서 더 어려운 삶을 살 가능성이 커질 수 있다. 지금은 평생직장은 물론이고 평생 직업조차 사라지는 불확실한 시대이므로, 언제든지 새로운 직장과 직업을 찾아 나설 준비가 되어 있어야 한다. 그때를 대비해 실력을 키우고 충분한 자금을 저축하는 것이 중요하다. 그런데 자칫 자녀 교육에 지나치게 많이 투자하다 보면 부모가 어려운 처지에 놓일 수도 있다. 따라서 자녀 교육에 무리하게 투자하기 보다는, 최악의 상황을 염두에 두고 현명하게 대비해야 한다.

세계적인 작가 도리스메르틴은 저서 『아비투스』에서 이렇게 강조했다.

"돈이 사람을 아름답게 한다. 돈이 사람을 영리하게 하고, 교양 있게 하고, 경험하게 하고, '좋은 관계망'으로 이끌어 준다. (…) 돈만으로 행복을 만들 수 없다. 하지만 '지하철'에서 우는 것보다는 '택시'에서 우는 게 낫다. (…) 돈은 단지 욕구를 채워 주는 수단에서 끝나지 않는다. 돈은 '성과', '명성', '성공'의 척도이기도 하다. (…) 돈은 '가방'이 아닌 '자유'를 선사한다."

이 말에 나는 전적으로 동의한다. 돈이 있으면 사람은 더욱 아름답고 우아하게 생활할 수 있다. 마음 좋은 사람으로서 주변과 좋은 관계를 맺을 수 있고, 그 관계를 통해 더 나은 기회를 얻기도 한다. 반면, 돈이 없다면 질 높은 관계망을 형성하기 어려운 경우가 많다. 돈은 단순히 욕구를 채우는 것을 넘어, 기회를 창출하는 힘이자 성공의 척도이기도 하다. 어떤 분야에서든 성공한 사람은 반드시 일정 부분 부를 이루게 된다.

그래서 나는 진로를 말할 때, 사람들이 돈을 쉽게 지불할 일을 하라고 권한다. 돈을 만들 수 없는 진로와 사람들이 지갑을 열지 않을 일을 하는 진로는 권하고 싶지 않다. 혹자는 인생은 하고 싶은 일을 하면서 사는 것이 훌륭하다고 말할 것이다. 그 말에도 동의한다. 그러나 하고 싶은 일을 하려면 다른 사람들이 그 일에 대해 돈을 지불할 수 있을 정도의 수준에 이르러야 한다. 그렇지 않다면 하고 싶은 일만을 고집하는 것은 어리석다. 만약 단순히 하고 싶은 일을 하라고 말하는 사람에게는 이렇게 묻고 싶다.

"당신은 돈을 받지 않더라도, 지금 하고 있는 일을 계속할 의향이 있는가?"

남들이 돈을 지불하지 않는 일을 좋다고 말하는 것은 단순한 취미에 불과하다. 물론 취미가 직업으로 발전할 수도 있지만, 그럴 때는 취미를 넘어 남들이 인정하는 실력을 갖추고, 사람들이 그 가치를 인정했을 때만 가능하다.

칼 뉴포트 조지타운대학교 교수의 베스트셀러 『열정의 배신』에 음악가 데릭 시버스의 말이 나온다.

> "제게는 다른 어떤 인생의 원칙보다 우선하는 돈에 대한 원칙이 하나 있어요. 바로 '사람들이 기꺼이 돈을 낼 일을 하라'는 거죠. (…) 돈은 가치를 평가하는 중립적 지표입니다. 돈을 벌겠다는 목표를 세우는 건 가치 있는 사람이 되겠다고 목표를 세우는 것과 같죠. (…) 커리어에 핵심적인 영향을 미칠 선택을 할 때는 돈이 그 가치를 판단하는 효과적인 척도가 됩니다."

하고 싶은 일을 하더라도 돈을 벌 수 있는지를 지표로 삼아야 한다. 하고 싶은 일이 단 하나인 경우는 거의 없다. 정말 싫은 일이 아니라면 가능성은 항상 있다. 어떤 일이든 잘하기 시작하면 그 일이 점점 더 좋아진다. 어렵더라도 보상이 크면 그 일을 좋아할 가능성은 더욱 커진다. 좋아서 그 일을 하는 것이 아니라, 잘해서 그 일을 계속하는 것도 훌륭하다.

돈은 자유를 준다. 돈은 인격을 발달시키고, 마음에 드는 일을 시도할 수 있게 한다. 그리고 우리에게 남보다 탁월한 출발 조건을 제공한다. 자유로운 시간과 생각과 행동을 하게 한다. 따라서 진로를 이야기할 때는 생계를 유지할 수 있는 이상의 돈을 잘 벌 수 있는 직업을 제안해야 하며, 진로 선택 시에도 취업에 그치지 않고 경제적 자립을 넘어 부자가 되는 길을 모색해야 한다.

시장의 수요와
개인의 욕구

누구나 자녀가 풍요롭게 살기를 바란다. 그러나 어떤 일을 해야 경제적으로 자립하고 풍요로워지는지는 잘 모른다. 단순히 아이가 하고 싶다는 이유만으로 일을 시작한다면 실패할 가능성이 크다. 성공하려면 자신이 하고자 하는 일이 다른 사람들의 필요나 욕구와 맞아떨어져야 한다. 사람들이 원하는 물건을 제대로 만들면 자연히 잘 팔리고, 그 물건을 만드는 능력은 곧 세상이 원하는 서비스가 될 것이다. 따라서 하고 싶은 일이 있다면, 그 일이 시장에서 얼마나 가치 있게 받아들여질지 조사해야 한다. 시대의 흐름에 맞는 분야를 선택하는 것이 진로 선택에 유리하다.

자녀들에게 "하고 싶은 일을 하라!"는 조언은 당연히 좋은 말이다. 하지만 이 조언은 그들에게 착각을 심어 줄 수 있다. 마치 내가 원하는 일이면 세상도 자연스럽게 받아들일 것처럼 믿게 만들 수 있다. 그러나 사람들은 자신에게 이익이 없으면 쉽게 지갑을 열지 않는다. 따라서 '하고 싶은 일을 하라'는 말보다는 '네가 하고 싶은 일이 사회에서 얼마나 받아들여질 수 있을까?'를 고민하게 하는 것이 더 중요하다.

진로는 개인의 희망에 따라 결정되지만, 사회적 수요와 맞지 않는다면 그것은 그저 일장춘몽에 불과하며, 직업으로서의 의미를 갖기도 어렵다. 먼 미래를 꿈꾸는 것도 좋지만, 현재에 기반을 두고 경제적 자립을 이룰 수 있는 선택이 중요하다.

올바른 진로를 찾으려면 아이의 내적인 희망에만 초점을 맞추는 것이 아니라, 시장의 외적 요구를 고려해야 한다. 시장의 요구는 끊임없이 변화하며, 새로운 직업의 형태로 나타나기도 한다. 따라서 이러한 변화에 맞춰 진로를 설계하는 것이 중요하다.

교대라는
진로 선택

2023년 봄, 온라인에서 학부모들과 진로·진학 전문가들 간의 질의응답 시간이 있었다. 한 학부모가 교대를 희망하는 자녀가 학창 시절에 어떤 활동을 하면 좋을지 물었고 전문가의 답변이 이어졌다. 나는 그 답변이 적절하다고 생각하면서도 한편으로는 약간 답답함을 느꼈다. 이유는 2가지였다. 하나는 '정말로 그 학생이 교대에 대해서 제대로 알고 있는지' 궁금했고, 두 번째는 '교대를 졸업한 인재를 앞으로의 사회에서 얼마나 필요로 할 것인지'를 생각해 봤는가 하는 점 때문이었다.

2022년 전국 교대 졸업자 중 임용고시에 합격한 비율은 약 50% 내외였고, 합격자 중에서도 실제 교사로 임용된 사람은 더 적었다. 일부 교대에서는 초등 교사로 임용된 졸업자가 거의 없기도 했다. 학령인구 감소로 인해 이런 현상은 앞으로 더욱 심화될 것이며, 인공지능과 에듀테크의 도입으로 신규 교사의 취업 기회는 더 줄어들 것으로 예상된다. 일부 전문가들은 지식 전달은 AI나 로봇이 담당하고, 교사는 학생과의 교감을 중심으로 역할이 변화할 것이라고 예측하기도 한다.

만약 그 질문에 내가 답변을 했다면, 교대보다는 빅데이터나 인공지능과 같은 시대의 흐름에 맞는 분야를 고려해 보라고 권했을 것이다. 물론 교대에 진학해 교사 자격증을 취득한 후 다른 분야로 진출하는 것도 하나의 선택지가 될 수 있다. 하지만 단순히 교사가 되고 싶다는 희망만으로 4년을 투자하는 것은 효율적인 선택이 아닐 수 있다. 오늘날은 사회에서 요구하는 능력을 갖추는 것이 더 중요해진 시대이기 때문이다. 다만, 교육과 교사에 대한 사명감이 있는 경우는 교대를 가야 한다.

P 양도 유명 교대를 졸업하고 3년간 임용고시를 준비했지만 결국 교육 행정직 공무원으로 방향을 전환했다. 교사로 임용되는 인원이 적어 교사가 되지 못한 채 생계를 이어가야 하는 절박한 상황이었기 때문이다.

하고 싶고, 되고 싶다는 막연한 바람만으로는 부족하다. 이 사회가 내가 꾸는 꿈을 수용해야 현실이 될 수 있다.

진로는 개인의 희망에 따라 결정하겠지만, 그 결과는 사회적 요구에 따라 달라진다. 사회적 요구를 반영하지 않은 개인의 진로 희망은 결국 헛된 바람에 그칠 가능성이 크다. 사회적 요구를 파악하지 못하면 경제적인 어려움을 겪을 수 있고, 경제적으로 어려우면 새로운 기회를 찾고 도전하기가 쉽지 않다. 이러한 상황은 취업에 실패한 청년들이 좌절감을 느끼고, 결국 은둔과 고립의 길로 접어드는 원인이 된다.

지금은 잘나가고 인기가 있지만, 앞으로 인구 변화나 기술 발전과 같은 시대적 흐름에서 서서히 수요가 줄어든다면, 과감히 진로를 바꿔야 한다. 진로는 지금, 현재 사회라는 시장에서 필요한 분야여야 좋다. 2025학년도 교대의 입학 정원은 이미 감축됐다. 내가 교육부 관계자라면 더 많은 수를 줄였을 것이다. 아마 앞으로 갈수록 교대 입학 정원은 감소할 것이다. 사회의 수요가 그만큼 줄어들기 때문에 어쩔 수 없는 현상이다.

내 콘텐츠를
사람들이 살 것인가?

"너는 세상에 무엇을 팔래? 네가 자랑할 수 있는 너만의 상품은 무엇이니?"

진로 상담을 할 때 학생들에게뿐만 아니라 나 자신에게도 자주 던지는 질문이다. 우리는 자본주의 사회에서 살아가며, 돈을 벌어야 생계를 유지할 수 있다. 우리가 진로를 선택하고 결정하는 것은 결국 고용주, 기관, 기업, 고객 등 다른 사람들로부터 돈을 받기 위함이다. 우리는 무언가를 '팔'되, 선택한 분야에서 나의 노동력, 능력, 재능, 시간 등을 제공하고, 그 대가로 보수를 받기로 결정하는 것이다. 돈을 번다는 것은 곧 남의 주머니에 있는 돈을 합법적으로 내 주머니로 옮기는 일이다. 이를 위해서는 노동을 제공하거나, 사회에 필요한 서비스를 제공해야 한다. 즉,

고용주나 고객을 만족시켜 그들이 기꺼이 돈을 지불하게 만들어야 한다. 그 만족은 단순한 제품일 수도, 기쁨이나 즐거움을 주는 서비스일 수도 있다. 우리가 하는 일은 사회가 필요로 하는 것이어야 하며, 그 노동이나 서비스는 사회의 요구에 부응해야 한다. 단순히 내가 하고 싶은 일만으로는 돈을 벌기 어렵다. 많은 경우, 우리가 제공하는 노동과 서비스는 주관적인 기준에 따라 이루어지지만, 이를 사회의 요구와 연결시킬 수 있어야 한다. 중요한 점은, 내가 사회에 '팔' 수 있는 콘텐츠가 무엇인지 고민하고, 이를 준비하는 방향으로 생각을 전환해야 한다는 것이다.

- "나는 무엇을 할 것인가?" ⟶ "나는 어떤 콘텐츠를 팔 것인가?"

자신이 잘할 수 있는 분야를 선택하자. 그리고 그 분야가 다른 사람들과의 경쟁이 적고, 다른 사람들의 진입장벽이 높으면 더욱 좋다. 그런 분야는 독점할 수 있는 분야다. 독점할 수 있는 기회가 있다면 그것이야말로 최고의 선택이다. 앞으로의 시대는 대학 간판보다 개인의 능력, 즉 어떤 콘텐츠를 가지고 있느냐가 중요하며, 그 콘텐츠가 어느 정도 독점할 수 있는가는 매우 중요하다.

박사 과정을 공부할 때 대학교수들을 유심히 살펴본 적이 있다. 그때 든 생각은 좋은 대학을 졸업해야 교수직에 오를 수 있다는 통념도 맞지만, 남들이 잘 '공부하지 않는 분야'를 전문적으로 탐구한 사람들이 교수로 성공할 확률이 높다는 것이다. 물론 대학도 중요하지만, 더 중요한 것은 현시대가 필요로 하는 전공 분야의 전문가가 되는 것이다. 흔한 전공보다는 남들이 많이 선택하지 않지만 내가 잘할 수 있는 분야에서 실력을 쌓아간다면 충분히 성공적인 커리어를 만들 수 있다.

진로를 설계할 때는 단순히 이름있는 대학에 가는 것만을 목표로 삼지 말자. 사회가 필요로 하는 분야에서 나만의 콘텐츠와 능력이 무엇인지를 찾고 그것을 키우기 위해 내가 해야 할 일을 찾아야 한다. 앞으로는 대학 간판보다 내가 가진 실질적인 능력이 진로를 결정짓는 핵심이 될 것이다. 내가 가진 능력이 사회에서 필요로 하는 것이라면, 그 능력은 진정으로 훌륭한 능력이라 할 수 있을 것이다.

미용 전공 교수의
자녀 진로 지도

한 미용 전공학과 교수는 자녀를 미용 전공학과에 진학시키려

했다. 딸은 더 좋은 학과에 갈 만큼 성적이 좋았기에 그 결정은 다소 의외였다. 주변 사람들은 왜 명문 대학 대신 그런 선택을 했는지 의아해했다. 그 교수는 자신의 경험에 기반한 깊은 고민 끝에 내린 결정이었다. 그녀도 미용학과 교수가 되기 전에는 문학 전공 교수를 희망했었다. 그러나 그 분야는 도전하는 사람들이 너무 많아서 박사 학위까지는 가능하겠지만, 교수가 될 가능성은 매우 희박해 보였다. 이미 많은 선배가 박사 학위를 취득하고도 시간강사로 일하고 있었고, 정식 교수직을 얻는 데 긴 시간이 걸리거나 아예 기회를 얻지 못하고 있었다. 고민 끝에 그녀는 새로운 길을 찾기 시작했다. 그때 자신이 관심을 가진 미용 분야에서 깊게 공부한 사람이 거의 없다는 사실을 깨달았다. 미용 분야에서 전문성을 쌓으면 교수가 될 수 있겠다는 가능성을 발견한 것이다.

주변의 만류에도 불구하고 그녀는 문학이 아닌 미용으로 방향을 전환했다. 대학교 졸업 후 미용 관련 대학원에 진학했고, 그 결과 다른 사람들과 차별화된 역량을 쌓을 수 있었다. 그 당시만 해도 미용을 학문적으로 깊게 연구하는 사람은 거의 없었기에, 학위를 취득한 그녀는 곧바로 원하는 대학에 교수로 임용될 수 있었다. 그녀는 딸도 미용 분야의 길을 간다면 교수가 될 가능성이 충분하다고 확신했다. 만약 우리나라에서 기회 잡기가 어렵다면 중국 등 해외에서 교수직을 찾아도 된다. 중국은 미용 산업 성장으로 많은 교수 요원 자리가 필요하다는 시장 분석도 마쳤다.

결국 남들이 중요하게 생각하지 않는 분야라도 자신이 잘할 수 있는 영역을 깊이 탐구하면, 그 분야에서 최고가 될 수 있다. 다만 철저하게 공부하고 준비해야 하는 것은 기본이다.

이처럼 다른 사람들이 잘 '선택하지 않는 분야'에서 자기만의 전문성을 쌓는다면 의외의 기회를 잡을 수 있다. 명문 대학이 아니더라도, 다른 사람의 부러움을 사지 않더라도, 사회에서 실제로 필요한 능력을 갖춘다면, 결과적으로 높은 사회적 지위와 경제적 안정성을 얻을 수 있다. 경쟁이 적은 분야에서는 자신의 콘텐츠가 더욱 가치 있게 평가될 것이다.

남들이 할 수 없는 희소성 있는 직업을 가져라. 경쟁이 적고, 경우에 따라서는 독점적인 위치를 확보할 수도 있다. 독점을 오래 할수록 성공할 확률은 커진다. 반면, 많은 사람이 몰리는 분야는 이미 다른 이들이 선점하고 있을 가능성이 크다. 평범하지만 중요한 역할을 하면서도, 그 일을 할 수 있는 경쟁자가 적은 직업을 선택하는 것이 유리하다.

피터 틸의 『제로 투 원』에서도 이 같은 논리가 나온다. 그는

'자본주의의 본질은 경쟁이 아닌 독점'이라고 말했다. 모든 기업은 시장을 독점하고 싶어 하며, 개인은 자신이 속한 분야에서 독보적인 능력을 갖추고 싶어 한다. 이는 경쟁을 피하고 생존 확률을 높이기 위함이다. 이 원리는 생명과학에서 '경쟁배타의 원리'와도 유사하다. 생존에 필요한 자원이 같을 경우, 한 종이 살아남기 위해 다른 종을 모두 제거함으로써 아예 경쟁할 여지를 남기지 않는 것이다. 사회와 기업에서도 비슷한 현상을 찾아볼 수 있다. 경쟁이 줄어들수록 능력을 갖춘 개인의 가치는 그만큼 더 높아진다.

결국 중요한 것은 한 분야에서 남보다 탁월한 실력을 갖추어 희소성 있는 능력자가 된 후에, 남들이 몰려들지 않는 길을 찾는 것이다. 이는 경쟁에서 앞서 나가고, 더 큰 성공을 이루는 중요한 열쇠가 될 것이다.

미술로
먹고살 줄 알았는데

제자 중 한 명인 N은 뛰어난 그림 실력으로 미대에 진학했다. 처음에 그는 미술을 전공하면 화가로서 생계를 유지할 수 있을 거라고 생각했다. 하지만 대학 재학 중 우연히 실내인테리어에 관심을 갖게 되면서 그림을 포기했다. 그림만으로는 자신이 원하는 경제적 자립과 미래를 실현하기 어렵지만, 인테리어는 자신의 미적 감각과 능력을 활용하면서 경제적으로도 보상을 받을 수 있다는 것을 깨닫게 된 것이다.

그는 주변의 시선에 개의치 않고 인테리어를 직업으로 선택했다. 대부분 인테리어는 대학 전공과 무관하게 할 수 있는 일로, 흔히 허드렛일로 여겨질 수도 있다. 하지만 실제로는 전문성이 요구되는 직종이며 수입도 괜찮은 편이다. 현재 N은 직원 몇 명을 둔 소규모 인테리어 업체를 운영하면서 두 자녀의 아버지가 되었다.

N과 같은 직종을 '브라운 칼라$^{Brown\ collar}$'라고 부른다. 브라운 칼라는 블루칼라의 기술적 측면과 화이트칼라의 창의적 아이디어를 결합한 직종을 일컫는다. 주로 소규모 가족 기업이나 개인 기업 형태로 운영되며, 사람들의 실질적인 문제를 해결하는 기술과 능력을 갖춘 이들이 종사한다. 이 분야는 앞으로 전망이 밝다고 할 수 있다. 대학의 기술 관련 학과, 전문대학, 특성화고등학교 졸업자들이 주로 진출하며, 기술학원이나 국가에서 운영하는 교육 기관에서 자격증을 취득하는 방법도 있다.

2021년 한 사설 채용 플랫폼의 'MZ세대 직업 가치관 조사'에 따르면, 응답자 2,081명 중 79.1%가 "조건이 맞으면 기술직으로 전향할 의향이 있다."라고 답했다. 여기서 말하는 기술직은 도배사, 용접사, 목수 등 현장에서 전문 기술을 발휘하는 직업을 의미한다. 기술직 전향 의향의 주된 이유로는 '능력이나 노력만큼 돈을 벌 수 있어서'(55.7%), '대체하기 어려운 기술로 일할 수 있어서'(51.2%), '정년 없이 계속 일할 수 있어서'(39.2%), '진입장벽이 높지 않아서'(36.8%), '시간 활용이 자유로워서'(28.7%) 등이 꼽혔다. 이는 대학 진학 시 가졌던 꿈보다는 경제적 자립과 여유를 찾는 것이 더 중요함을 깨달은 결과로 보인다.

내 친구 K의 사례도 주목할 만하다. 그는 서울의 중위권 대학에서 행정학을 전공한 후 9급 행정공무원으로 일을 시작했다. 그는 사실 공무원이 될 생각은 없었다. 그는 대기업에서 일하기를 원했지만, 현실적으로 그 길은 쉽지 않았다. 직업이 없던 그는 아내의 성화로 공무원 생활을 시작하였다. 그리고 2023년 정년 퇴직 후에 6개월간 정부 지원 기술학원에서 공부하여 전기기능사 자격을 취득했다. 전공과 다른 분야였지만, 평소의 학습 습관 덕분에 새로운 기술을 수월하게 익힐 수 있었다. 그는 이 자격증으로 아파트 관리사무소의 전기 기사로 재취업에 성공했다. 그는 공무원 시절보다 훨씬 마음이 편하다며 특성화고등학교에 가지 못한 것을 후회한다고 했다.

퇴직한 사람들은 종종 '기술이 최고'라고 말한다. 사회에서 필요로 하는 능력은 실생활의 문제를 해결할 수 있는 실용적인 기술인 경우가 많기 때문이다. 이런 기술은 일반고등학교에서 주목받지 못하거나 기피되는 업종일 수 있지만, 실제 생활에서는 그 필요성이 크게 인식되고 있으며 수요가 많고 보수도 높은 편이다. 또한 정년 없이 일할 수 있다. 얼마 전 우리 집의 전기 문제로 수리공을 부르자, 80세의 어르신이 오셨다. 30분도 채 되지 않아 문제를 해결해 주셨고, 나는 수리비로 20만 원을 지불했다.

이런 면에서 기술을 배우는 직업 교육을 전공하는 고등학생이나 대학생들은 자부심을 가져도 좋다. 차별화된 확실한 나만의 '콘텐츠'를 가지고 있다는 것은 대단한 일이다. 이러한 콘텐츠는 자본주의 사회에서 경제활동을 하는 데 필수적인 요소다.

브랜드에서
적합성으로

우리는 상품을 선택할 때 브랜드를 중시한다. 브랜드 제품은 품질을 믿을 수 있다고 생각하기 때문이다. 이는 교육에서도 찾아볼 수 있는데 우리 사회는 교육의 본질적 품질보다는 브랜드에 더 집중하는 경향이 있다. 예를 들어, 지방보다 서울에 있는 대학에 진학해야 한다는 인식이 퍼져 있다. 또한 취업이 잘되는 전문대학보다 이름은 그리 알려지지 않았더라도 4년제 대학을 선호하는 경향도 강하다. 어느 산업단지에 위치한 전문대학의 경우, 졸업생 중 3분의 1이 대기업에 취업했음에도 불구하고 학생 모집에 어려움을 겪고 있다고 한다. 이유는 단지 일반대학이 아니라는 점, 서울이 아니라는 점 때문이다. 산업단지에 있는 여러 중견기업은 탄탄한 기술력을 바탕으로 안정적인 고용을 제공하지만, 필요한 인력을 구하지 못해 애를 먹고 있다고 한다.

우리의 청년들은 취업이 잘되고 안정적인 학교를 기피하고 모두 어디로 갔을까? 진로에 대한 잘못된 교육의 결과로 나타난 현상으로 보인다. 이로 인해 우리나라의 풀뿌리 산업이 흔들릴 위기에 처해 있다. 최고의 기술도 이어받을 사람이 없다는 것이다. 기술력 없는 나라는 생존력도 약해질 수밖에 없다는 점에서 매우 걱정스럽다. 이러한 경향은 전문대학 진학은 실패이고, 일반대학에 진학해야만 성공적인 삶이라는 잘못된 인식에서 비롯된 것으로 보인다. 이는 언론과 입시계가 만들어 낸 왜곡된 통념이다.

결과적으로 아무도 책임지지 못하는 교육 시스템 속에서 우리는 가장 중요한 요소를 간과한 채 학생들에게 '진로를 정하고 꿈을 꾸라'고만 가르치고 있다. 그냥 원하고 기다리면 되는 것으로 착각하게 만들었다. 세상과 직업 세계를 잘못 이해시켰다. 돈 벌기가 어렵고, 나이가 들면 후회할 선택을 당연히 하여야 할 것으로 강요하였던 것 같다. 그 결과, 학생들은 대학 진학을 위한 기술은 향상되었으나, 정작 삶을 살아가는 데 필요한 실질적인 능력은 점점 약해지는 것 같다.

2019년 9월에 미국 미네르바 스쿨의 설립자이자 운영자인 벤 넬슨의 특강을 들을 기회가 있었다. 미네르바 스쿨은 현재 일반 대학(4년제)과는 다른 패러다임을 보여 주는 대학이다. 물리적인 강의실 없이 온라인을 통해 강의와 토론식 수업을 진행한다. 학생 전원이 기숙사 생활을 하며 기숙사는 7개국에 있어 이 국가들로 이동하면서 다양한 나라에서의 체험을 통해 글로벌 역량을 높이고 있다.

2022~23년도 합격률이 1.9%로 하버드대학교 합격률 3%보다 낮다. 이 대학이 하버드대학교나 예일대학교와 같은 아이비리그 대학들보다 우수하다고 단정할 수는 없지만, 뛰어난 인재들이 모여 있으며, 또한 우수한 인재를 배출하는 것을 목표로 하고 있다.

벤 넬슨은 특강에서 자녀교육의 중요성을 강조했다. 예를 들어, 자녀가 명문대와 비명문대 두 곳에 합격했을 때, 부모로서 어느 대학에 진학할 것을 권유할지에 대해 질문을 던졌다. 여기서 명문대는 우리가 흔히 알고 있는 브랜드 대학이고 비명문대는 기업에서 원하는 맞춤형 학교로 취업이 보장되는 대학이다. 아주 극단적인 비교 같지만, 흔히 놓일 수 있는 상황이다. 수천만 명이 살아가면서 수만 개의 일자리가 공존하는 사회에서 나타날 수 있는 현상이다.

벤 넬슨은 또 하나의 예를 제시했다. 우리가 한 기업의 관리자가 되어 새로운 직원을 채용하기 위해서 최종 면접을 하는 상황이다. 한 명은 명문대 졸업생으로 성적은 뛰어났지만 면접에서는 낙제점이다. 면접관이 질문한 내용을 제대로 이해하지 못했으며 대답도 불충분했다. 다른 한 명은 비명문대 졸업생이지만 성적은 명문대 학생과 비슷하다. 하지만 면접관의 질문을 제대로 파악했으며, 대답도 요소별로 나눠 면접관의 질문을 해결하는 솔루션(해결책)도 아주 논리적으로 제시했다.

벤 넬슨은 질문을 던졌다. "여러분이 관리자라면, 이 두 사람 중에 누구를 채용하는 것이 회사에 '유익할 것'이라고 판단하는가? 잠재 가치가 있다고 기대되는 명문대 출신인가, 아니면 실제 직무에 적합한 능력을 갖춘 비명문대 출신인가?" 벤 넬슨은 브랜드보다는 현장에 적합한 제대로 교육받은 인재가 중요하다고 강조했다. 제대로 된 지식을 배웠다면 어떤 상황에서도 적용할 수 있는 능력이 있다는 것이다.

실제 어떤 상황에 던져지더라도 적용할 수 있는 능력은 매우 중요하다. 보잘것없어 보이는 기술이나 능력이 삶을 구하기도 한다. 물론 좋은 대학을 졸업해 우수한 능력으로 사회에서 필요한 전문가의 길을 가는 것은 매우 훌륭한 일이다. 그러나 그런 길만이 우리 학생들이 선택해야 하는 길은 아니다. 일부를 제외하고는 브랜드보다 실제 능력이 더 필요하다.

현재 미국에 있는 여러 세계적인 기업에서는 성적이나 학위를 신입사원 선발의 필수 요건이자 절대적인 요건으로 여기지 않는 경향이 증가하고 있다. 대신 면접을 통해 '업무의 적합성'과 '잠재 능력' 등을 평가하며, 성적으로는 드러나지 않는, 남들이 알아보지 못한 인재를 찾으려는 경향이 나타나고 있다. 물론 모든 기업이 그런 것은 아니다. 그러나 면접을 통해 인재를 선발하는 것은 학력이나 성적보다는 직무에 적합한 능력이 기업에서 더욱 중요 요소로 평가된다는 것을 나타내는 증거라고 볼 수 있다. 최근 국내의 한 기업에서는 메타버스에서 인턴을 하게 한 뒤에 채용하기도 했다.

미국의 대형 소매업체인 코스트코^{Costco}는 명문 대학 졸업생들을 채용하기보다 지역 대학 재학생들을 파트타임 직원으로 모집했다. 이는 재능 있는 젊은 인재를 찾는 가장 빠르고 좋은 방법임을 깨달은 것이다. 코스트코는 이처럼 업무 환경에 잘 맞는 사람을 찾아내어, 파트타임 직원들이 그 적합성을 증명해 보일 수 있도록 하고, 이를 통해 인재를 길러낸다. 코스트코의 창업자 제임스 시네갈은 『평균의 종말』에서 이렇게 말했다.

> "적합성이 가장 중요합니다. 우리는 직원을 채용할 때 대학 성적 증명서 따위의 극단적으로 단순화한 기준 너머의 것을 봅니다. (…) 코스트코에서는 근면성 같은 몇 가지 품성들을 중요하게 여깁니다. 하지만 그런 품성들을 이력서로 어떻게 판단하죠?"

코스트코는 브랜드보다 적합성으로 직원을 채용하므로, 직원의 적합성 교육을 위한 비용을 절감할 수 있었고 대신 직원에 대한 복지를 키울 수 있었다. 모든 직원을 그렇게 선발하는지는 모르지만 매우 시사점이 있는 이야기다.

『좋은 기업을 넘어 위대한 기업으로』의 저자 짐 콜린스는, "좋은 기업을 위대한 기업으로 도약시킨 리더들은 한결같이 적합한 사람을 채용하고, 적임자를 적합한 자리에 앉히는 일부터 시작했다."라고 말했다. 브랜드보다 '적합성'을 중시하여 인재를 채용한 기업만이 진정으로 위대한 기업으로 성장할 수 있었다는 것이다.

같은 방향으로 함께 갈 수 없는 사람에게 함께하기를 바란다면, 얼마 가지 못하고 멈추게 될 것이다. 브랜드는 그 개인에게는 영광일 수 있지만, 그 사람을 채용하여 시장에서 성과를 내야 하는 기업 측면에서는 아닐 수 있다.

내가 교사로 근무할 때 기간제 교사를 선발하면서 비슷한 경험을 했다. 서류를 보면 최고 대학 출신도 많았다. 그런데 그들 중 상당수가 서류 전형에서 탈락하거나 수업 시연에서 탈락했다. 서류 전형에서 탈락한 경우는 학교에서 어떤 목적으로, 어떤 능력의 선생님을 초빙하고자 하는지 제대로 파악하지도 않고 서류를 작성한 경우들이다. 자신의 출신 학교만 믿고 전혀 엉뚱하게 서류를 작성한 지원자도 많았다. 아주 기초적인 사항조차 갖추어지지 않은 것이다. 수업 시연에서는 학생들이 이해하지 못하는 수업을 진행하기도 했다. 명문대 출신 지원자들이 자신이 맞닥뜨려야 하는 학생들 대부분이 성적이 평범한 일반고 학생임을 고려하지 않은 것이다. 학생들의 눈높이를 모르고 학생들을 이해하지 못하면서 교사 본인 수준에서 수업하는 이들을 임용할 수는 없었다.

명문 대학을 졸업해 학업적으로 브랜드를 갖추는 것은 긍정적인 요소이다. 그러나 명문 대학이 아닌 직업 교육을 통해 경쟁력 있는 자격증을 취득하고 경제활동을 하는 것도 훌륭한 선택이다. 단순히 명문 대학이라는 브랜드가 있어도 현장에 적용할 수 있는 적합성이 부족하다면, 기업이나 사회에서의 효용 가치는 점점 낮아지는 시대에 접어들고 있다.

지금 우리는 어디에 초점을 맞춰 아이들을 가르치고 있는가. 브랜드인가 적합성인가? 브랜드와 적합성을 함께 갖춘다면 더할 나위 없이 좋다. 그러나 브랜드는 조금 낮더라도 적합성을 제대로 갖춘다면, 언제든 그 가치를 알고 찾아주는 사람이 있을 것이다.

우수한 인재는 명문 대학을 통해 브랜드와 적합성을 가질 수 있다. 하지만 명문 대학에 진학하지 못하는 다수의 학생은, 명문 대학이라는 브랜드보다는 개인 능력이라는 적합성이 자신의 브랜드가 될 것이다. 이는 생존을 위한 아주 기본적이고도 필수적인 조건이다.

생각의 프레임을
바꿔라

    세상은 빠르게 변하고 있다. 인공지능 같은 기술의 급속한 발전은 인간의 일자리를 위협하고 있으며, 코로나19의 여파와 인구절벽 문제도 우리 앞에 놓여 있다. 일본의 유명 전략 컨설턴트인 야마구치 슈는 저서 『뉴타입의 시대』에서 20세기 후반부터 21세기 초반까지 유효했던 사고방식과 행동 양식이 이제는 과거의 유물이 되었다고 주장했다.

    그는 오랫동안 자본주의 사회에서 성공하기 위한 인재로 여겨졌던 순종적이고 논리적이며, 부지런하고 책임감이 강한 사람들이 새로운 시대에는 더 이상 적합하지 않다고 말했다. 새로운 시대의 인재는 사회에서 가치 창출의 방식이 변했기에 자유롭고 직감적이며, 소신이 뚜렷하고 호기심이 강한 사람이라는 것이다. 과거에는 문제를 해결하고 물건을 만들어 내는 것이 중요한 가치였다면, 이제는 문제를 발견하고 의미를 창출하는 능력이 더 중요해졌다는 것이다.

문제를 발견하는 사람이 새로운 시대의 인재라면, 우리는 문제를 발견하는 능력을 키우도록 가르치고 배워야 한다. 인간의 삶은 언제나 문제가 있으며, 그 문제를 해결하는 일들로 가득 차 있다.

개인적인 차원에서부터 기업과 국가에 이르기까지, 사회가 변하고 기술이 발달하면서 과거에는 전혀 생각하지 못했던 문제들이 발생할 수 있다. 따라서 과거의 문제 해결에 몰입하는 것보다 새 문제를 발견하는 능력을 가진 인재가 더 각광받을 것이다.

야마구치 슈는 과거의 문제를 해결하는 인재보다 새로운 문제를 발견하는 인재가 필요한 이유를 6가지의 메가 트렌드 때문이라 하였다.

① 물질은 풍요롭지만, 삶의 방향성을 잃어가고 있다.

지금 시대는 물질적으로는 아주 풍요롭지만, 정신적으로는 의미를 찾지 못하는 시대다. 의미를 찾지 못하면 허무하게 되고, 새로운 가치를 창출하거나 발견하기도 힘들다.

② 정답을 찾는 일보다 문제를 발견하는 일이 중요해졌다.

산업이 발전하고 대량생산하는 과정에서 문제를 해결하는 사람이 인정받았다. 그러다 보니 문제를 해결할 사람은 많아졌다. 많은 사람이 정답을 찾을 수 있게 된 것이다. 그러나 그들은 문제를 발견하지 못하면 가치가 줄어든다. 문제를 해결하기 위해서도 문제를 발견해야 한다.

③ 수요를 넘어서는 쓸모없는 일자리와 노동의 대두.

현대 사회는 물건이 과잉 생산되어 넘쳐나고, 해결해야 할 문제들이 점차 사라지면서 노동 수요가 감소하고 있다. 그러나 노동 공급은 여전히 변하지 않아, 많은 이들이 목적과 의미를 잃은 채 생산성만을 추구하며 양적인 성과에만 집중하고 있다. 그 결과, 실질적인 가치나 의미를 창출하지 못하는 일에 종사하는 사람들이 많다. 결국, 이들은 '그냥 일을 위한 일'을 하고 있는 셈이다. 따라서 우리는 일의 목적과 의미를 재정립하고, 본질적인 가치를 명확히 언어화하고 구체화할 필요가 있다.

④ 사회 전반이 급격한 변화로 혼란해졌다.

뷰카VUCA, 즉 변동성Volatility, 불확실성Uncertainty, 복잡성Complexity, 모호성Ambiguity이 넘쳐나는 시대에 살고 있다. 과거에 과거에 중요했던 능력과 가치들이 급격히 변화했으며, 그로 인해 경험의 가치가 줄어들고, 예측이 의미를 잃었으며, 최적화도 더 이상 큰 가치를 지니지 않게 되었다. 빠르게 변하는 사회와 기술 환경 속에서, 중요한 것은 변화에 대한 학습과 적응 능력이다. 이 능력은 지속적인 것이 아니라, 순간적인 상황에 맞춰 탄력적으로 대응할 수 있어야 한다.

⑤ 규모의 경제가 더 이상 통하지 않는다.

지금은 한계비용 제로화가 실현되었고 미디어와 유통의 변화로 인해 규모의 경제는 더 이상 유효하지 않게 되었다. 대신, 경제는 개인 맞춤형으로 변화하고 있으며, 이제는 각 개인의 요구와 의미에 맞춰 커뮤니케이션하는 방식으로 발전하고 있다.

⑥ 인생은 길어지고 기업의 수명은 짧아진다.

인간의 기대 수명이 길어졌다. 그런데 우리가 취업을 원하는 기업들은 종종 우리의 수명보다 오래 지속되지 않는다. 그리고 개인의 직업이 단 하나로 삶을 꾸려나가는 시대는 지났다. 본업과 부업, 그리고 또 다른 부업 등 여러 일을 하면서 변화에 유연하게 대처하는 사람만이 어려운 인생을 잘 헤쳐나갈 것이다.

이러한 이유로 새로운 인재는 다음의 표와 같은 행동 양식을 보인다. 이는 이전 세대에서는 잘 맞지 않는 부분이었지만 현시대에는 적합하다. 따라서 과거의 생각과 잣대로 보면 안 된다. 변화하는 시대에 맞게 새로운 방식과 능력으로 무장해야 한다. 새로운 사회는 끊임없이 안정된 직업이나 일자리가 사라지고 있기에, 새로운 행동 양식을 갖추고 대응할 수 있는 새로운 인재가 되어야 한다.

올드 타입	뉴타입
정답을 찾는다	문제를 찾는다
예측한다	구상한다
성과 지표로 관리한다	의미를 부여한다
생산성을 높인다	놀이를 접목한다
규칙에 따른다	자신의 철학에 따른다
한 조직에 머문다	조직 사이를 넘나든다
철저히 계획해서 실행한다	우선 시도한다
빼앗고 독점한다	나눠 주고 공유한다
경험에 의지한다	학습 능력에 의지한다

*출처: 야마구치 슈, 『뉴타입의 시대』

인생은
단거리 경주의 연속

진로는 인생이고, 인생은 진로다. 인생을 말할 때, 흔히 마라 톤과 같은 장거리 경주에 비유한다. 인생이 장거리 경주란 것은 서둘지 말고 여유를 가지라는 뜻이다. 또한 지금 실패를 하더라 도 실망하지 말고 다시 도전할 수 있다는 것이다.

하지만 그 긴 인생을 구성하는 것은 수많은 일들의 연속이다. 그 일들은 짧은 시간 내에 해결해야 하는 일들로, 뒤로 미룰 수 없는 것들이다. 지금까지 내가 해야 할 일들은 마치 단거리 경주 처럼 느껴졌다. 100m 달리기를 하듯, 매번 최선을 다해 전력으 로 달려야 했다. 단거리 경주처럼 생각하고 온 힘을 다했을 때는 어느 정도 성과를 거둘 수 있었지만, 장거리 경주처럼 여유를 부 렸을 때는 성과를 얻지 못했다. 자기 계발 계획도, 영어 공부도 그랬다. 시간만 흘러갔고 결과가 없었다. 작가로서 입지를 다지 고 싶었던 소망도, 다른 사람에게 친절하게 대하는 습관을 들이 고자 한 결심도 느슨한 시간 계획 속에서는 번번이 실패했다. 이 번에 하지 못하면 다음에 해도 되는 시간이 있다는 느긋한 생각 으로 시도할 때는 성취가 미비했다.

돌이켜 보면, 인생에서 이런 일이 자주 일어났다. 그것은 어떤 일을 도전할 때마다 장거리 경주처럼 생각했기 때문이었다. 시작할 때는 끝까지 가야 할 시간이 너무 길게 느껴졌고, 그 긴 시간 안에 충분히 성취할 수 있을 것 같았다. 그래서 시간을 충분히 갖고 있다는 생각에 바로 시작하지 않고 차일피일 미루며 정신적으로는 스스로를 위로했다. 그 결과, 현재의 작은 시간을 허투루 보내는 일이 반복되었고, 그런 습관은 인생을 통틀어 계속 이어졌으며 시금도 남아 있다. 비록 경험을 통해 인생에서 이루고자 하는 일은 장거리 경주가 아니라는 사실을 깨달았음에도 불구하고 말이다.

성공은 장거리 경주처럼 보일 뿐이지 모든 일에는 마감 시간이 있다. 마감일을 무시하는 것은 인생 전체로 생각한다면 실패를 예약하는 것과 같다.

2022년에 자격증을 하나 취득하고 싶었다. 그 자격증 시험을 치르겠다고 결심한 시점부터 실제 시험을 보기까지는 여유가 있었다. 그래서 천천히 쉬지 않고 적은 양이라도 꾸준하게 공부하면 합격할 것 같았다. 더구나 나는 학습 능력에 자신이 있었기에 시간이 충분할 것 같았다. 그러나 직장 생활을 하면서 공부할 수 있는 시간은 그리 넉넉하지 않았다. 1차 시험을 합격하고 나서

2차 시험까지 한 달여의 시간이 있었지만, 나는 여전히 시간이 충분하다고 생각했다. 결국, 그 결과는 낙방이었다. 이 모든 것은 제대로 시간을 활용하지 못한 탓이었다.

내가 자격증을 취득하고 싶었을 때, 언제까지 취득할지 명확한 목표를 설정하고 어떻게 목표를 달성할 것인지 구체적인 계획을 세웠어야 했다. 그리고 공부해야 할 과목이나 항목별로 작게 나눈 목표를 성공시키기 위해 매일 전력을 기울여야 한다. 어떤 시간에 어떻게 공부할 것인가를 계획하고 내 몸의 습관으로 만들어서 습관적으로 공부하도록 만들었어야 했다. 하지만 나는 무작정 내 능력을 믿고 시간이 충분하다고 생각해, 눈앞의 시간을 어떻게 보낼지에 대한 고민과 계획을 하지 않았다. 만약 시험 전까지 주어진 시간을 어떻게 활용할지 신중히 고민하고 계획했다면, 나는 자격증을 취득할 수 있었을 것이다. 그렇게 하지 못한 것이 결국 실패의 원인이었다.

『원씽』의 저자 게리 켈러는 이렇게 말했다.

"많은 사람이 생각하는 것과 달리 성공은 끊임없이 훈련해야 하는 마라톤 경기가 아니다. 성과를 올리기 위해 언제나 절제된 행동만 하면 되고, 모든 면에서 자기관리가 철저한 사람이 될 필요는 없다. 사실 성공은 단거리 경주다. 건전한 습관이 자리 잡을 때까지만 자신을 훈련해 달리는 단거리 전력 질주인 셈이다."

청소년들이 생각하는 진로 결정에서 진로는 장거리 경주라고 생각할 것이다. 지금 당장 직업을 결정해야 할 것도 아니기에 압박감 없이 느긋할 수 있다. 더구나 진로를 결정하지 않았기에 더 그렇다. 그렇지만 지금은 진로를 결정하지 않았다고 하더라도, 어느 순간 진로를 결정해야 하는 시간은 빠르게 다가오므로 지금 해야 할 일에는 최선을 다해야 한다. 마감 시간을 정하고, 목표를 정해서 자신을 몰아붙여 보자.

우리의 꿈은 당장 이룰 수 없는 거리에 있다. 장거리 경주다. 그 장거리는 많은 단거리 경주가 이어진 것이며, 때에 따라서는 여러 요소가 복합적으로 단거리 경주처럼 최선을 요구한다. 고등학생이라면 자신이 구상한 미래가 있을지도 모른다. 그 미래를 위해서 지금 당장 해야 하는 단거리 경주가 무엇인지 생각해야 한다. 이번 주 제출해야 할 수행평가, 이번 중간고사, 오늘 공부할 분량, 지금 외워야 하는 영어 단어나 수학 공식 등 매우 다양하다. 산 정상에 오르려면 정상에 오를 계획을 세워야 한다. 그러나 산에 오를 때 정상만 바라볼 수 없다. 한 걸음 옮길 때마다 넘어지지 않고 다치지 않도록 한 걸음씩 잘 걸어야 정상에 오를 수 있다. 한 걸음 한 걸음이 모두 단거리 경주와 흡사하다.

진로를 선택하고 결정할 때는 우선, '나는 장차 어떤 삶을 살고 싶은가?'를 구상하자. 그리고 그렇게 구상한 삶을 위해서 이렇게 나누어 보자. '그 꿈을 위해서 어떤 분야에서 일할 것인가? 그 분야에서 일하기 위해서는 어느 대학에 진학할 것인가? 그 대학에 진학하기 위해서 어느 수준의 성적을 거두어야 하는가? 그 성적을 이루기 위해서 어떻게 공부해야 하는가? 그러면 이번 주는 어떻게 보내고, 오늘 하루는 어떻게 계획해야 하는가?' 등의 순서로 생각하면서 지금 해야 할 일을 결정하고, 언제까지 완결해야 하는지를 결정한다.

이런 방법은 목표점으로부터 거꾸로 내려오는 역산 스케줄링 Backward Scheduling이라고 한다. 지금 당장 눈앞의 일만 바라보는 것이 아니라, 자신이 이루고자 하는 목표를 먼저 설정하고, 그 목표를 이루기 위해 지금 해야 할 일을 확인하고 실천하는 방식이다. 꿈과 목표는 장거리 경주처럼 멀리 있는 것이지만, 역산 스케줄링을 통해 결정한 해야 할 일들은 단거리 경주처럼 즉각적인 실천을 요구한다.

우리가 장거리라고 생각하는 인생과 우리의 목표는 결코 장거리가 아니다. 전체를 보면 장시간의 경주이지만, 그 과정의 시간은 길게 지나가지 않는다. 우리 목표를 위한 시간은 작은 단위로 지나가는데, 인생을 전체로 보려니 작은 단위로 생각하지 못할 뿐이다.

오랜 시간 일하고 노력한다고 해서 목표를 이루고 인생에서 성공하는 것이 아니다. 인생과 이루고자 하는 목표의 중간 목표를 위해 전력투구하는 것을 반복할 때 성공한 인생을 누릴 수 있다. 하나의 작은 목표를 위해 전력투구하여 성취했을 때 장거리 경주도 이길 수 있다.

장거리 경주가 아니라 여러 개의 단거리 경주로 이루어진 인생에서 단거리 경주는 다른 사람과 하는 경주가 아니다. 현재의 나와, 목표를 이루기 위해 전력 질주하는 나 자신과의 경주다. 어쩌면 아침에 일어나서 이불을 정리하는 것부터가 경주의 시작이다.

더 큰 '나'를 만들어라

나는 성공하고 싶었다. 지금도 성공하고 싶다. 나뿐만 아니라 많은 사람은 누구나 성공하기를 바란다. 각자 상황에서 목표한 것을 이루기 위해 다양한 방법을 찾는다. 각자 다른 목표와 방법이다. 학생들은 자신이 생각하는 좋은 대학에 가고 싶어 열심히 공부한다. 대학생들은 좋은 곳에 취업하기 위해 입사 시험이나 각종 국가고시를 준비한다. 이런 시험 준비는 대부분 개인의 능력과 노력에 의지한다. 혼자서 열심히 공부해 시험에 합격하면 성공할 수 있는 것처럼 보인다.

하지만 한 개인의 성공과 행복은 주변 사람들과 밀접하게 연관되어 있다는 사실이 밝혀졌다. 지금까지 개인의 노력과 능력이 성공과 행복의 열쇠가 된다는 연구를 뒤집는 결과다.

다윈은 『종의 기원』에서 환경에 적응한 생물이 살아남았다고 했지만, 숀 아처 하버드대학교 교수는 저서 『빅 포텐셜』을 통해 "가장 잘 적응한 사람이 살아남는 것이 아니라 관계를 가장 잘 맺는 사람이 살아남는다."라고 설명했다. 한 개인의 성공은 개인과 연결된 사람과의 관계에 영향을 받는다는 것이다.

『아이 엠 미디어』의 하대석 저자는 '긍정·협력·축적'의 3가지 조건을 만족할 때 성공할 수 있다는 걸 발견했다.

제1 조건인 '긍정'은 목표를 고정하는 것이다. 처음 정한 목표점을 뇌와 심장에 새기는 것이다. 목표를 꼭 이루어야 하는 이유와 명분을 구축하고, 그것을 위해 실천하는 습관을 만드는 것을 말한다. 제2 조건은 '협력'으로 내 주변의 인적 물적 자원을 끌

어모으는 것으로, 환경을 바꾸거나 이용하는 것이다. 환경을 이용한다는 것은 주변 사람들과의 관계를 잘 유지하면서 그들의 도움을 받는 것이다. 즉, 다른 사람을 끌어들이는 것이다. 제3 조건인 '축적'은 후회 없이 하루하루 차곡차곡 쌓아 올리는 것이다. 매일의 생활이 목표를 이루기 위한 과정으로 축적되도록 살아야 한다는 것이다.

이러한 조건이 충족되면 목표에 도달할 때까지 방향을 잃지 않고 지속적으로 나아갈 수 있다. 또한 인정받는 분위기 속에서 자신감을 얻고, 그 자신감으로 힘을 내어 더 빠른 속도로 목표를 향해 나아갈 수 있다. 즉, 현재의 에너지가 클수록 장애물을 더 쉽게 극복하고 목표에 더 효과적으로 도달할 수 있다.

그러므로 일을 시작할 때는 자기를 최대한 '크게' 만들어야 한다. 나를 크게 만든다는 것은, 혼자서 모든 것을 해내는 것이 아니라 나를 지지해 주는 사람의 성원과 지지를 받으며, 그들을 동참시키는 것을 의미한다. 나를 크게 만들려면 주변 사람을 나의 지원자로 만들어야 한다. 나를 도와줄 수 있는 사람이 많을수록 그들은 나의 연합군이 된다. 연합군의 규모가 커질수록 목표를 성취하는 데 더 많은 도움을 받을 수 있다. 그뿐만 아니라 그들은 나의 영향력이 미치는 사람들이 되어 나의 어떤 결과물에 대해서도 아주 긍정적인 반응을 나타내 준다. 이는 내가 세상에서 평가를 받을 때 좋은 평가로 이어지도록 돕는다. 이런 과정은 하나의 팬덤 현상처럼 작용할 수 있으며, 궁극적으로 큰 성공을 이루는 밑거름이 될 수 있다.

　대학에 진학하고자 하는 학생들이나 취업전선으로 가고자 하는 대학생들은 자신이 바라는 성공을 향한 출발선에 서 있거나 준비 단계에 있을 것이다. 먼저 이루고자 하는 목표를 위해 현재의 자신을 어떻게 키울 것인지 고민해야 한다. 그렇지만 그 모든 걸 혼자서 해야 한다고는 생각하지 마라. 혼자서 해야 하는 부분도 있겠지만 다른 사람의 도움을 받아야 하는 부분도 많다. 그럴 때는 가능하면 주변 사람과의 관계를 잘 맺어 그들의 도움을 받아 함께한다고 생각하라. 그들에게 전적으로 의지하라는 말이 절대 아니다. 자신이 중심이 되어 그들의 도움을 받을 수 있도록 하라는 것이다. 어떻게 하면 그들과 좋은 관계를 맺을 수 있을지 고민하고 전략을 짜라. 어떻게 도움을 주고받으며 함께 갈 것인가를 고민하고 실천하라. 비록 가고자 하는 기업이나 대학은 다를지라도 그 과정을 함께한 시간은 결국 우정으로 남는다. 가장 좋은 방법은 그들에게 친절하고 그들을 존중하는 것이다. 존중한다는 것은 이야기를 잘 들어주고 공감하는 것이다.
　성공을 단지 시험에 합격하거나 취업에 성공하는 것으로만 본다면 혼자서 공부하는 것이 맞을 수 있다. 하지만 더 크고 지속적인 성공을 이루고 싶다면, 이 사회에서 어떤 역할을 통해 도움이 되고 싶다면 주변 사람들에게 어떤 도움을 줄 것인지, 그리고 어떻게 관계를 맺을 것인지도 중요한 요소가 된다.

또한 다른 사람을 존중하고 배려할 줄 알아야 한다. 세상의 많은 일이 팀으로 이루어지기 때문이다. 특히 직장에서는 혼자 일하는 것보다 협력해야 하는 작업이 많다. 그럴 경우를 대비헤 다른 사람을 배려하고 협력하는 능력은 매우 중요하다. 그래야 현재 자신을 지지하는 세력이 커지고, 목표를 향해 출발하는 자신의 몸집도 커진다. 몸집이 커지면 방향을 제대로 잡을 수 있고, 그에 따라 빠르게 속도를 낼 수 있다. 결국 혼자보다는 팀이 될 때 큰 성과를 낼 수 있다는 얘기다.

> "당신의 성공은 당신 혼자서 이룬 업적이 아니다. 당신이 속한 공동체가 함께 이룬 것으로 집단적인 현상이다. 당신이 성공하려면 당신은 당신이 속한 공동체에서 쓸모가 있어야 하고, 공동체가 당신에 대해 긍정적으로 반응해야 한다."

『포뮬러』의 저자인 알버트 라슬로 바라바시 교수가 한 말이다. 빅데이터를 분석한 결과 성공한 사람들에게서 공통적으로 찾아낸 특성이다.

세상은 혼자 살 수 없다. 우리는 항상 다른 사람과 관계를 맺고, 도움을 주고받으며 공식적이든 비공식적이든 팀을 이루어 살아간다. 혼자서 더 빨리 가면서 성공하는 시대는 지나갔다. 이제는 함께해야 더 잘할 수 있는 시대가 왔다. 성공하고 싶다면 주변 사람과 협력해 자신이 갖는 에너지의 몸집을 키우자. 협력하는 '나'를 키워야 성공하기 쉽다.

스티브 잡스는 이렇게 말했다.

> "위대한 성공은 절대 혼자의 힘으로 이루어지지 않는다. 반드시 팀으로만 가능하다."

다른 사람과 잘 어울리고 책임을 다하고 봉사, 배려를 잘하는 학생은 교사의 관찰 기록에도 좋은 인성으로 평가받아 학생부종합전형에 도움이 될 수 있다. 다른 사람과 잘 어울리기 위해 가장 좋은 것은 잘 노는 것이다. 축구나 농구 등 운동경기를 통해서도 가능하지만, 연극이나 악기 연주, 또는 토론이나 여행, 수다를 통해서도 가능하다.

제자 중에 학생부종합전형으로 서울대학교 수리과학부에 입학한 별명이 갓^{God}인 C가 있었다. 강북 일반고에서 서울대학교

수리과학부에 학생부종합전형으로 합격하기란 쉽지 않은 일이다. C는 수학을 비롯한 모든 교과목의 성적도 뛰어났지만 운동과 놀기도 좋아했다. 그는 축구를 매우 좋아해서 고3 때도 틈만 나면 친구들과 운동장에서 축구를 했다.

훌륭한 태도가 경쟁력이다

미국 육군사관학교 웨스트 포인트West Point에서 내려오는 명언이 있다. 1등을 한 사람이 가장 먼저 장군으로 진급하지는 않는다는 것이다. 오히려 혼자가 아니라 다른 사람의 도움을 받아 협력하는 사람이 더 빨리 진급한다. 너무 잘난 체하지 말고 다른 사람을 위압하거나 무시하는 느낌이 들지 않도록 하라는 것이다. 성적과 능력이 아무리 뛰어나도 친절하고 겸손한 사람이라는 인식을 줘야 한다. 역사 이래로 세상을 정복한 승자는 실력도 있지만, 다른 사람의 '협조'를 받은 사람들이다.

이제는 고인이 된 국내의 모 대기업 회장은 "우리는 직원을 고쳐 쓰지 않습니다. 한 번 배신한 사람은 또 배신할 것입니다."라고 말했다. 최근 여러 기업에서는 "지식과 기술은 회사가 현장에서 가르치면 되지만, '태도'는 기업에서 가르칠 수 없다. 그러므로 성적 좋은 사람을 뽑는 것보다, 태도가 훌륭한 사람을 뽑아서 가르치는 것이 낫다."라고 말했다. 현재 국내 많은 기업에서는 신입사원보다 경력직을 선호하는데, 경력직은 과거 경력을 보면서 그의 태도를 알 수 있기 때문이라는 것이다.

학생들과 상담하면서 느끼는 것은 그들이 어떤 일을 대하는 자신의 태도보다 수치화된 점수에만 지나치게 민감하다는 것이다. 성적은 좋은데 태도가 좋지 못하다면, 자기의 실력을 펼칠 기회를 아예 부여받지 못할 수 있다. 미국 사우스웨스트 항공사의 회장이었던 허브 켈러허는 기업에서 일하는 데 필요한 기술이나 지식은 가르칠 수 있다며 이렇게 말했다.

"우리는 이러한 사람들을 찾습니다. 일을 자발적으로 하는 사람, 낙관적인 사람. 도전을 좋아하는 사람, 다른 사람을 도와주는 사람, 만약 이러한 태도를 보인 사람들이 있다면 우리(회사)는 그들이 필요한 모든 것을 가르칠 수 있습니다. 그러나 이러한 태도가 없는 사람은 우리가 단순히 바꿀 수가 없습니다."

사람의 올바른 마음가짐이나 태도는 기업(직장)에서 가르치기 어렵다. 이는 가정 교육에서 이루어져야 한다. 부모가 인생을 대하는 태도, 일에 대한 자세, 다른 사람을 대하는 방식 등에서 자녀는 자연스럽게 배우게 된다. 자기 자신에 대한 태도, 일에 대한 태도, 그리고 타인에 대한 올바른 태도를 기르는 것은 사회생활에서 더 큰 기회와 성공을 가져다준다. 세상은 혼자 사는 것이 아니며, 성공은 타인이 나에 대해 인식하고 있는 결과이기 때문이다.

부모는 자녀가 자기 인생을 100% 책임지는 태도를 갖추도록 노력해야 한다. 학생들은 무엇이든지 자기가 해야 할 일이라면 수행해야 할 책임이 있다. 자기의 인생이지 남의 인생이 아니다. 누구도 자기를 대신하여 살아 줄 사람은 없다.

인생에서 한 번은 최고가 되어라

"인생을 살면서 한 번쯤은 최고가 되어라!"

이 말은 내가 자녀들에게 하는 이야기다. 항상 최고가 되라는 것이 아니다. 한 분야에서, 어느 시점에 한 번쯤은 최고가 되어 보는 경험은 앞으로 살아가는 데 있어서 큰 힘과 영감을 주며, 새로운 원동력이 될 것이다. 자존감을 높이고 도전 정신을 불러일으킬 것이다.

여러분에게 어느 분야에서든 한 번은 1등을 해 보라고 권하고 싶다. 한 과목만이라도 좋다. 남들이 공부하지 않는 과목이어도 좋다. 축구, 야구 등 스포츠여도 상관없다. 반에서, 학교에서 최고가 되어 보자. 한 번의 성공이 또 다른 성공으로도 이어질 수 있다.

미국 하버드 법대를 졸업한 L이 있다. 그의 아버지는 사업을 했지만 잘되는가 싶더니 부도가 나고 말았다. 부도의 후유증을 극복하고 재기하려고 했지만 녹록지 않았다. 결국 미국에 일자리가 있으니 건너오라는 친구의 초청을 받고 미국으로 갔다. 그때 L은 초등학교 3학년으로 영어가 서툴렀고 체구도 작아 적응하기가 몹시 힘들었다. 아는 사람도 없었고 집안도 어려웠다. 공부는 해야 하는데 영어를 알지 못하니 학교에 적응하는 것도 힘들었다. 내일이 힘든 날들의 연속이었다.

L은 학교 공부를 잘하고 싶었다. 그래서 한 가지 방법을 생각해냈다. 여러 과목에서 두각을 나타내기 어렵다는 것을 잘 알았기에, 자신이 공부하기 쉬운 과목을 골라서 1등을 목표로 집중하기로 했다. 그 과목에 다른 과목보다 더 많은 시간을 투자하며 몰두한 결과, 컴퓨터와 관련된 과목에서 기말고사 만점으로 전교 1등을 차지했다. 이 소식은 그를 평소에 무시하던 백인 학생들 사이에서도 큰 화제가 되었고, 그들은 그의 성적에 놀라움을 금치 못했다. 이는 그들로부터 부러움과 인정을 받는 계기가 되었다.

한 과목에서 1등을 해본 L은 그 경험을 바탕으로 다음 목표를 설정했다. 이번에는 어려운 수학을 선택했다. 이 과목도 집중적으로 공부한 끝에 좋은 성적을 얻었다. 이렇게 한 과목에서 시작한 최고의 성적은 점차 다른 과목으로 이어졌고, L은 점점 더 많은 분야에서 성취를 쌓아갔다.

만약 L이 한 과목에 집중하여 1등을 한 경험이 없었다면 어떻게 되었을까? 과연 하버드 법대를 졸업할 수 있었을까? 그는 무엇보다 1등의 경험이 중요하다는 것을 알았고 도전하여 성공했다. 그로 말미암아 스스로 인정할 만한 성과를 거둔 것이다.

나는 공부를 어려워하는 학생들에게 한 과목만이라도 최고가되라는 말을 한다. 그 경험은 성공의 경험이며 그 경험이 축적되면서 자기도 알지 못하는 힘과 기회가 생겨날 수 있다. 이것은 평균을 넘어서는 성취를 이루는 데 중요한 밑거름이 된다.

『평균의 종말』을 쓴 미국 하버드대학교의 토드 로즈 교수는 평균의 시대는 지났다고 한다. 지금은 평균보다 각각의 개인에게 맞춘 능력이 중요하다. 그 한 과목에서의 최고가 되는 경험, 어느 한 분야에서의 최고가 되는 경험은 또 다른 기회로 이끈다. 진로는 하나하나가 따로 분리된 것이 아니라, 한 가지를 잘하면 다른 것을 잘하게 하는 끈이 생겨 연결된다. 하나를 잘하면 인근 영역에 있는 새로운 기회가 다가오는 경우가 많다.

지금 단 한 과목이라도 1등을 해 보자. 전교가 아닌 학급에서라도 말이다. 그런 전략을 세워 보자. 하나의 활동이나 취미라도 좋다. 하나에서 1등을 해 보자. 그 시점부터 자기 인생을 바꿀 진로가 시작될 것이다. 내가 아이를 키우면서 가장 후회되는 것은, 아이에게 1등을 경험시켜 주지 못한 것이다. 중학교 때 큰아들이 "아빠, 나 전교 1등 한번 해 볼까?"라는 말에 나는 1등을 하면 너무 스트레스를 받을 텐데 그럴 필요가 있느냐고 말렸다. 그 당시 아들을 생각해서 한 말이었지만, 아들의 의지를 꺾었다는 것을 뒤늦게 알았다. 그때 아들이 "한 과목이라도 1등을 하라"고 격려를 받았다면, 어떤 결과가 있었을까? 1등을 목표로 한 노력과 경험은 아들에게 자신감을 줄 뿐만 아니라, 새로운 가능성과 진로에 대한 시각을 열어주었을 것이다. 한 과목에서 1등을 하며 얻은 성취감은 아들에게 더 큰 도전과 목표를 향한 동기를 부여했을 것이고, 그 경험은 아들의 인생에서 중요한 전환점이 되었을 것이다.

'최고가 되라'는 말은 단순히 다른 사람을 이기고 1등을 하라는 의미만은 아니다. 그것은 자신이 세운 목표를 달성하는 것을 뜻하기도 한다. 예를 들어, 영어 회화나 배우고 싶은 기술을 익히는 것처럼, 자신이 이루고 싶은 목표에서 최고가 되어보자. 목표를 이루었을 때, 그 성취감은 다른 분야에도 도전할 수 있는 힘이 되어 주며, 그 힘은 결국 인생과 진로의 새로운 기회를 만들어갈 수 있게 할 것이다.

지금도 늦지 않았다, 교과서부터 읽어라

2021년, 고등학교에서 진로진학 상담교사로 활동하면서 학생들과 많은 얘기를 나눌 수 있었다. 어느 날, 수업을 마치고 교실을 나오는데 한 남학생이 상담을 요청하는 것이었다. 그 학생은 지금까지 전혀 공부를 해 본 적이 없고, 운동이나 컴퓨터 게임으로 거의 시간을 보낸다는 것이다. 당시 성적은 전교 최하위권. 그런데 진로 수업을 듣고 보니 게임만 하고 놀기만 하는 생활을 계속한다면 나중에 분명 후회하는 인생만 남을 것 같은 두려움이 생겼다고 했다. 그래서 지금이라도 공부를 시작하고 싶은데 그 방법을 알려 달라고 요청한 것이다.

그 학생은 축구를 좋아하고 운동을 잘해서 매우 건강했고 선한 인상에 결심이 매우 굳어 보였다. 나는 그 학생에게 물었다. 내가 시키는 일은 매우 힘들고 어려운데 그래도 시키는 대로 따라 할 수 있겠느냐고. 그는 어차피 공부하려면 힘든 것을 알기에 최대한 인내하면서 실천해 보겠다고 했다. 나는 그 학생이 비교적 쉽게 접근할 수 있는 과목을 골랐다. 그가 가장 쉽게 느끼고 관심 있는 과목은 사회였다. 일단 사회 교과서부터 읽으라고 권했다. 그것도 소리 내어 읽되, 그날 배운 부분을 열 번씩 읽으라고 했다. 그리고 일주일 뒤에 나에게 와서 경과를 알려 달라고 했다.

일주일 후에 학생이 찾아왔다. 잘하고 있느냐는 나의 질문에 그는 쉰 목소리로 선생님 말씀대로 매일 소리 내어 교과서를 읽고 있다고 했다. 사회 교과서만 읽다 보니, 더 읽고 싶어서 국어 교과서도 읽는다고 했다. 매일 소리 내어 열 번씩 읽는 것이 생각보다 어렵고 힘들어서 목이 쉬었다는 것이다. 나는 학생을 칭찬하고 격려해 줬다. 그는 문장을 제대로 읽을 수 있게 된 것이 좋고, 읽다 보니 내용을 상당 부분 기억하게 되어 매우 만족한다고 했다. 그 후, 나는 학교와의 계약 기간이 만료되어 그 학생을 더 이상 만나지 못했다. 비록 만날 기회는 없었지만, 그 학생이 꾸준히 노력했다면 분명 좋은 성과를 얻었을 것이라 믿는다.

학교에서 배우는 내용이 어렵다면 교과서를 몇 번이고 읽어보라고 권한다. 여러 번 읽다 보면 그 뜻을 이해하게 된다. 몇 번을 읽어도 뜻을 모르는 단어가 있다면 사전을 찾아서 뜻을 이해하라고 하였다. 처음에는 눈으로만 읽지 말고 소리 내어 읽으면 좋다. 소리 내어 읽으면, 자신이 읽는 소리를 들으면서 눈으로 보기 때문에 이해하기가 훨씬 쉽다. 읽으면서 생각하는 습관이 되고 나면, 눈으로만 읽어도 충분하다. 독서백편의자현讀書百篇義自見이라는 말이 있다. 백 번 읽으면 이해하지 못할 것이 없다는 뜻이다. 여러 번 읽으면 그 의미가 저절로 드러나니 이해하게 되는 것이다.

토다이 로봇 개발자이자 일본에서 '로봇은 도쿄대학교에 갈 수 있는가?'라는 프로젝트의 책임 연구원인 아라이 노리코 교수는 저서 『대학에 가는 AI, 교과서를 못 읽는 아이들』에서 일본의 중학생 세 명 중 한 명 이상이, 그리고 고등학생 열 명 중 세 명 가까이가 간단한 문장조차도 읽지 못한다고 지적했다. 그는 학교에서 교과서를 제대로 읽도록 가르치는 것이 그 어떤 교육보다도 중요하다면서 "중요한 것은 아이들이 중학교를 졸업하기 전까지 모든 과목의 교과서를 읽을 수 있고, 그 내용을 확실히 머릿속에 떠올릴 수 있도록 가르치는 일이다."라고 말했다.

교과서조차 제대로 읽지 못하는 상태로 대학에 진학하고 사회에 진출한다면, 인공지능 시대에서 살아남기 어려울 것이다. 그는 인공지능이 아무리 발전하더라도, 문해력을 갖춘 사람에게는 여전히 직업의 기회가 존재한다고 주장했다. 또한 그는 미래 사회에서 기업은 인재가 부족하고, 사회에는 실업자가 넘쳐날 것이라고 경고했다. 이는 인공지능을 다루거나 인공지능과 함께 일할 수 있는 능력을 가진 인재가 부족하기 때문이라고 설명했다.

같은 패턴을 반복하고, 이미 알려진 지식을 얼마나 많이 알고 있으며 시험 문제를 얼마나 잘 맞히는가 하는 것은 인공지능 시대에는 크게 도움이 되지 않는다. 어려서부터 책을 읽으면서 길러 온 문해력을 바탕으로 교과서를 이해하고 설명할 수 있는 능력을 키워야 변화하는 인공지능 시대에 앞설 수 있을 것이다.

나는 학생들에게 교과서를 제대로 읽고 이해하라고 강조한다. 교과서를 읽고 밑줄을 치며, 교과서 내용을 노트에 요약해 옮겨 적고, 무엇이 중요한 내용인지를 생각해 보고, 옆에 앉은 친구에게 설명해 보라고 한다. 아주 간단해 보이지만 이는 대단히 효과적인 방법이다. 처음에는 어려워도 점차 교과서의 문맥을 이해하게 되고 나름 논리를 갖추어 설명할 수 있게 된다. 그 과정에서 자연스럽게 자신의 성장을 느끼면서 성공 경험이 축적된다. 다양한 경험을 하려고 노력하지 않아도 교과서를 통해 여러 경험을 하게 될 것이다.
이런 경험은 수업 시간에 좋은 효과를 낸다. 탐구보고서를 쓰거나 수행평가를 할 때 긍정적인 영향을 미쳐 학교생활기록부의 세부 능력 및 특기 사항에 좋은 내용으로 기록될 수 있다. 어떤 학생은 교과서 관련 내용을 질문하고, 또 어떤 학생은 교과서에서 공부한 개념이나 내용을 토대로 하여 더 많은 자료를 찾으면서 공부한다. 여러 자료를 찾아가며 자신이 원하는 해답을 추구하는 과정은 절차적 지식을 발전시킨다. 그렇게 자료를 찾아서 배운 지식들은 학습자의 내용적 지식을 풍부하게 만들고 깊이를 더해, 지식의 틀을 형성한다. 즉, 내용적 지식의 깊이를 더하는 것이다. 이는 대부분의 대학에서 원하는 인재상이며, 학생부종합전형에서 추구하는 이상적인 인재다. 절차적 지식과 내용적 지식 모두 깊이를 갖춘 학생을 마다할 대학은 없다.

고등학생이라면 기본적으로 교과서를 읽어야 한다. 그뿐만 아니라 '제대로' 읽어야 한다. 몇 년 전에 나와 함께 근무한 30년 경력의 베테랑 수학 선생님은 이런 말을 한 적이 있다.

"아이들이 교과서의 문제나 제대로 이해하고 풀었으면 좋겠어요."

고3 담임을 할 때마다 학생들이 교과서를 멀리하고 어려운 수능 연계 교재나 어려운 문제집만 고집하는 모습을 보면서 그가 답답한 마음에서 한 소리였다.

교과서를 읽어야 하는 과목은 모든 과목이다. 원하는 대학에 진학하고 변화하는 시대에 원하는 일을 하고 싶다면, 교과서를 읽자. 그것도 '꼼꼼하게' 제대로 읽어야 한다. 교과서를 철저히 읽는 것이 공부의 첫걸음이며, 미래 사회에 필요한 역량을 기르는 기본이자, 원하는 대학에 진학하기 위한 첫 단계이다.

S의 서울대학교
대학원 합격

서울의 일반 고등학교에서 성적이 딱 중간인 학생 S가 있었다. 서울에 사는 그는 지방의 한 국립대학에 진학했다. 서울이나 수도권의 대학에 진학해도 되었지만, 여러 면에서 검토한 결과 지방의 한 대학이 가장 좋을 것이라는 결론을 내리고 지원했다. 당시에 수학과 경제 과목으로 논술고사를 치러 합격했는데, 그의 고등학교 내신 성적으로는 도저히 합격할 수 없는 대학에 합격한 것이다.

S는 대학에서 공부하는 동안 연구자로 살고 싶다는 생각을 했다. 학과 교수님이나 특강을 오는 외부 교수님, 그리고 여러 경로에서 만나는 교수와 전문가, 학과 선배들을 만나면서 결심이 다져졌다. 그때 나를 만나 상담을 요청했다. 나는 연구자가 되고 싶어 하는 S에게 서울대학교 대학원을 추천하며, 어떻게 준비하면 좋은지에 대한 조언도 덧붙였다. 그는 서울대학교 대학원에 진학하기로 결정했다.

결과적으로 2023년에 S는 서울대학교 대학원에 합격했다. 그가 실행한 방법은 이렇다. 우선 서울대학교 대학원에 언제 합격할 것인지 명확한 목표를 세웠다. 그리고 대학원에 가기 위해서 해야 하는 일과 하지 말아야 하는 일을 구분했다. 해야 하는 일 중에서는 지금 해야 할 것과 나중에 해야 할 것을 나누었다. 대학원에 진학하기 위해서는 학교에서 개설된 전공과목 외에도 추가로 공부해야 할 과목들이 많다. 그는 어느 학과의 어떤 교수님 강의를 언제 신청할지 계획을 세우고, 학과에서 개설한 과목 외에 몇 과목을 공부할지 미리 정했다. 그는 학과에서 개설한 과목 이외의 과목을 공부하는 것이 연구자의 길을 걷는 데 유리하고, 대학원에 진학할 때 도움이 될 것이라고 판단했다. 또한 성적을 잘 관리해야 하므로, 어떻게 공부할지에 대한 전략도 세웠다. 공인 어학 성적인 TEPS에 대해서는, 어떻게 준비하고 언제 시험을 볼지, 언제까지 자격을 갖출지에 대한 시간 계획도 철저히 세웠다. 이러한 체계적인 준비와 계획이 S를 목표한 대학원에 한 발짝 더 다가가게 만들었다.

　또한 매 학기 학점 관리를 했다. 모든 과목에서 A+를 목표로 했고 최하 A0로 잡았다. 대학원에 진학하기 위해서 더 공부해야 할 과목으로는 자신이 대학원에 오기 위해서 준비했다는 것을 나타낼 수 있는 과목을 선택했다. 면접 시 교수들의 질문에 대답하면서 전공 관련 공부를 어느 정도 깊이 있게 해왔음을 보여 줄수 있는 과목들이다. 이를 위해 많은 연구를 했고, 서울대학교 대학원을 졸업한 연구원이나 특강 강사들에게 자주 자문을 구해 최종 결정을 내렸다.

연구 활동 기록을 위해 동아리를 만들었고, 자신이 다니는 대학원 선배들과 동아리를 결성하여 학교 측으로부터 활동비를 지원받았다. 그리고 주도적으로 활동을 계획하고 추진하면서 대학원 선배들의 도움을 받았다. 그 동아리 활동의 결과를 가지고 대학생을 대상으로 하는 대회에 참가하여 입상하거나, 참가한 기록을 남겨 대학원에 가고자 하는 열정을 증명하고 싶었기 때문이다. 공모전에도 몇 차례 참가했다. 공모전 참가 결과는 좋지 않았으나, 자신의 위치를 확인하면서 대학원 진학의 의지를 더욱 굳힐 수 있었다.

대학원 진학에 필요한 공인 어학 성적TEPS은 방학 동안 집중적으로 준비하되, 대학 생활의 마지막 학기까지 성적을 충족할 수 있도록 계획을 세웠다. 학기 중에는 학점 관리를 위해서 모든 시간을 쏟아붓기로 했기 때문이다.

우선 단어를 많이 암기하기로 했다. 스마트폰에서 플래시 카드를 활용하여 언제든지 시간만 나면 단어를 외웠다. 침대에서, 밥을 먹는 식탁에서, 화장실에 앉아서도 외웠다. 심지어는 양치

질하면서도 외웠다. 읽기와 쓰기 등 다른 영역은 학원에 다니면서 큰 흐름을 잡았다.

그는 대학 졸업을 유예하고 한 학기를 마지막 대학원 준비에 몰두했다. 공인 어학 성적을 갖추고, 자기소개서와 면접 등을 준비했다.

S는 여러 가지 어려운 상황임에도 불구하고 결국 서울대학교 대학원에 합격했다. 자신이 목표한 바를 이룬 것이다. 그는 3년 반 동안 대학원에 진학하기 위해 준비해야 할 모든 분야를 철저히 준비했다. 목표를 구체적으로 정했고, 측정이 가능하게 만들었다. 그 과정에서 너무 달성이 어렵지 않게 설정했으며, 그 중간 단계의 목표를 성취하는 기한을 정했다. 실제로 졸업을 유예하면서 모든 조건을 갖추어 대학원 진학에 성공한 것이다.

잠자는
공부 지니를 깨워라

의사인 친구가 있다. 나는 그를 'Dr. Lee 닥터 리'라고 부른다. 고등학생 때 만나 대학에서 같은 동아리 활동을 하며 우정을 쌓았고, 지금까지도 계속 연락을 주고받고 있다. 그의 어린 시절은 매우 힘들었다. 아버지가 암으로 돌아가시고, 어머니는 홀로 자녀들을 키우며 온갖 궂은 일을 하셨다. 그럼에도 Dr. Lee는 올곧게 자랐고 공부도 최상위권이었다. 그는 원래 서울대학교 전자공학과를 지원하고 싶었지만, 가정 형편상 집 근처의 국립대학교 약학대학에 진학할 수밖에 없었다. 그는 전액 장학생으로 4학년을 마친 후, 약국을 개업했다. 그러나 약사로 일하는 동안에도 배움의 끈을 놓지 않고 방송통신대학교 법학과를 졸업했으며, 미국의 약대 졸업 인증도 받았다. 이후 그는 약사보다는 의사가 사회에서 더 큰 봉사를 할 수 있다는 생각에 45세에 의학전문대학원에 합격해 56세에 내과 전문의를 취득했다.

전문의 자격을 취득한 후 개원하여 진료를 시작한 그는, 그동안 쌓아온 경험과 나름의 공부법을 완성해 인근 종합대학 의대생과 로스쿨 학생들에게 많은 도움을 주었다. 그는 공부는 열심히 하지만 노력한 만큼 성과를 얻지 못하는 학생들에게 공부 방법이 잘못되었을 수 있다고 조언했다. 잘못된 공부 방법은 심리적인 압박을 주고, 불안한 상태를 초래할 수 있다. 이는 결국 공부의 효율성을 떨어뜨리고, 집중력을 저하시켜 학습에 어려움을 겪게 만든다. 따라서 올바른 방법으로 공부하는 것이 얼마나 중요한지를 강조했다.

Dr. Lee의 공부법은 지니[Ginie] 학습법이다. 자기 안에 잠재해 있는 지니(자기가 가진 무한한 공부 잠재력)를 깨우면, 자기의 학습법이 자신의 미래를 도와준다고 하여 이렇게 이름 지었다. 지니는 『천일야화』에 나오는 동화 '알라딘과 마술램프'에 나오는 거인이다. 램프를 문지르면 그 안에 잠자던 지니가 나와 알라딘의 3가지 소원을 들어준다.

이 공부법은 알라딘의 램프에 지니가 있듯이, 모든 사람의 내면에 굉장한 능력을 지닌 지니가 있다고 전제한다. 공부하는 학생과 개인에게는 공부를 잘할 수 있는 엄청난 능력을 지닌 공부 지니가 있다. 다만 램프가 오래된 것이기에 쓸모가 없다고 문지르지 않아서, 그 안에 잠자고 있는 공부 지니를 깨우지 못해서 지니의 도움을 받지 못하는 것이다. 우리가 램프를 문질러서 학습 지니를 깨울 수만 있다면 공부를 잘할 수 있다는 것이 그의 '지니 학습법'이다.

이제부터는 Dr. Lee 친구의 학교 내신 성적을 올리는 8단계 방법을 소개하려고 한다. 이 방법을 알아두면 공부에 많은 도움이 될 것이다.

1단계: 수업시간 - 집중한다

칠판을 '뚫어져라' 바라보면서 선생님의 설명을 메모한다. 농담이라도 메모한다. 질문할 거리가 있으면 미리 준비하여 질문한다. 다만 시험을 위해서 선생님의 설명을 아주 집중해서 듣고, 복습을 위해서 선생님의 농담 등도 기록하면 좋다. 에피소딕 메모리Episodic memory(일화 기억) 법이다. 일화 기억은 시간 및 장소와 관련하여 조직된 기억 내용을 가리킨다. 이 기억은 특정 시간과 장소의 여러 요소를 떠올리게 해주면서 내용을 기억하게 해준다.

2단계: 쉬는 시간을 활용해 간단히 복습한다

수업 시간에 집중했다면 쉬는 시간에 복습하기가 쉬울 것이다. 한 시간 동안 배운 내용을, 노트에 기록한 것과 교과서를 보면서 주욱 훑어보는 것이다. 3분 정도면 충분하다. 큰 틀에서 단원의 개념 정도만이라도 쉬는 시간에 복습한다. 핵심을 다시 훑어보는 것으로 족하다. 핵심을 훑어봤다면, 그 핵심 내용을 머릿속에 다시 생각해 본다. 눈을 감고 생각해 봐도 좋다. 핵심 내용을 나의 언어로 바꾸어 보는 것은 아주 중요하다.

3단계: 저녁 자습시간에 심화복습한다

한 장의 종이에 첫 시간부터 마지막 시간까지 공부한 것의 중요한 부분을 정리한다. 이해하지 못한 부분은 참고 자료를 찾아서 첨부한다. 별도의 메모지로 첨부하거나, 원하는 책을 단권화하는 작업이다. 그날 배운 내용 중에 핵심 내용이나 기억해야 할 개념이나 공식 등의 전체를 요약하는 것이다. 요약하면서 '무엇이 중요하지?', '내가 무엇을 배웠지?'라는 질문을 하면서 요약하면 좋다.

4단계: 자기전에 요약한 것을 훑어본다

요약지를 훑어본 내용을 생각하면서 잠자리에 든다. 자기 전에 요약지를 훑어보는 것은 자면서 장기기억으로 이동하는 효과와 문제 해결의 효과가 있다. 요약지를 훑어볼 때, 무엇이 중요한지를 다시 생각한다.

5단계: 아침에 일어나자마자 전날 요약지를 공부한다

아침에 요약지를 반복해서 보면 암기가 쉬워진다. 시간이 없다면 화장실에서, 양치질하면서도 한 번 읽으면 된다. 식탁에 앉아서 잠깐 읽어 봐도 된다. 그러면 기억이 새롭게 될뿐더러 미처 이해하지 못했던 부분이 이해되는 경우가 많다. 시간이 길게 걸리지도 않는다. 가능하면 빠르게 훑어보자. 그리고 '무엇이 중요한지?'에 대한 생각을 다시 해 보자.

6단계: 토요일 오전 중에 일주일 요약지를 복습한다

이미 공부한 내용이므로 시간이 그리 길게 걸리지 않는다. 이

때는 모르는 내용은 다시 체크해 다른 종이나 과목별 노트에 요약할 수 있다. 무엇이 중요한지, 무엇을 공부했는지를 생각하면서 정리하면 좋다.

7단계: 매월 마지막 토요일에 다시 한번 복습한다

매주 복습하면서 새롭게 만든 요약지를 공부한다. 물론, 한 달 동안 공부한 교과서와 필기 내용과 참고서도 빠르게 다시 본다. 이미 여러 번 복습하였으므로 크게 공부하기 어렵지 않다. 요약지를 보면서 자신감이 생긴다. 할 수 있다면 요약한 내용을 다른 사람에게 자신의 언어로 설명하면 좋다. 스스로 설명해도 좋다.

8단계: 시험 전에 복습한다

시험 범위에 해당하는 교과서와 필기 내용, 참고서와 요약지를 복습한다. 이미 학교에서 배운 내용을 요약하고 공부하므로 개념을 공부하는 것은 어렵지 않다. 시험에 맞추어 문제를 풀고 개념을 다시 정리하는 등의 반복적인 공부를 하면 된다. 예상 문제를 만들어 볼 수도 있다.

이 학습법이 가장 좋은 공부법이라고 주장하는 것은 아니다. Dr. Lee가 의대생이나 로스쿨 학생들에게 조언하여 효과를 본 방법이라 추천하는 것이다. 습관을 들이기가 어려울 수 있지만, 루틴이 된다면 굉장한 효과를 거둘 수 있고 시간도 충분히 여유가 생길 것이다.

문제집은 언제 푸냐고? 문제집은 8단계 중에서 시간이 날 때 풀면 된다.

하버드대학교 헨리 뢰디거는 저서 『어떻게 공부할 것인가』에서 '인출' 작업이 가장 중요하다고 했다. 어떻게 뇌에 지식을 넣든지 인출하지 못하면 의미가 없다. 따라서 뇌에서 인출하기 좋은 방법으로 공부하는 것이 좋다. 인출할 때는 시간 간격을 주면서 인출하면 효과가 좋다. 지니 학습법은 복습할 때마다 시간 간격이 있고 뇌에서 꺼내야 하는 방법이기에 시험을 보기 위해서 쉽게 활용할 수 있는 방법이다.

인공지능
시대를 위한
현실적 진로 설계

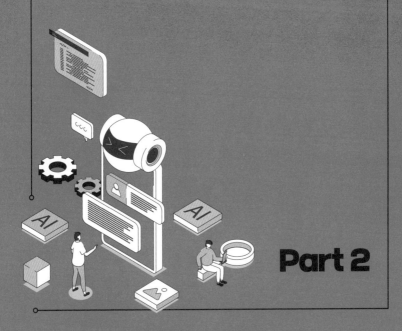

Part 2

인간의 일자리를
위협하는 AI

　2024년 봄, 미국의 오픈AI와 피겨AI의 인공지능 기술을 탑재한 휴머노이드 로봇이 등장해 전 세계를 깜짝 놀라게 했다. 이 로봇은 연구자의 질문을 정확히 이해하고 대답했으며, 요청에 따라 사과를 집어 주거나, 쓰레기를 주워 바구니에 담는 행동을 하면서 그 행동에 대한 설명과 평가도 함께 했다. 시각적 추론과 언어 기능이 빠르고 민첩한 동작과 결합된 결과다.

　이 로봇은 몇 년 전, 한 연구자가 휴머노이드 로봇에게 탑을 쌓았다가 쓰러뜨리라는 명령을 내렸을 때, 로봇이 자신이 쌓은 탑을 금방 무너뜨리기 싫어서 애원하고 우는 모습을 떠올리게 했다. 당시 그 로봇은 연구자의 지시에 따라 결국 탑을 무너뜨렸지만, 스스로 생각하고 감정을 표현하는 듯한 행동을 보여 주었다. 현재 이 로봇은 추론해 말을 하며 민첩하게 행동하는 인공지능 로봇으로 발전했다.

이러한 인공지능과 휴머노이드 로봇은 다양한 분야에서 활용되며 인간을 능가하는 성과를 보이고 있다. 앞으로 거의 모든 기업이 인공지능을 활용하게 될 것이다. 하지만 고용주들은 AI를 통해 생산성을 높이는 반면, 대졸자들은 일자리가 줄어들고 AI로 인해 실업이나 일자리 부족을 겪을 가능성이 커졌다. 특히 패턴화된 일이나 돈이 많이 모이는 분야에서 이러한 변화는 더욱 빠르게 진행될 것이다. 자본주의의 특성상, 돈이 되는 분야에 AI가 가장 먼저 진출하기 때문이다.

의사도
위험하다고?

현재 우리나라 대학 입시는 의대를 중심으로 전개되고 있다. 의대를 가야 입시에 성공한 것으로 인식하는 시대인 것 같다. 공학이나 자연과학 분야 쪽으로 흥미와 적성이 있는 학생들조차 의대를 가야 한다는 부담감과 당위성을 지니거나 압력을 받고 있기도 하다. 이는 직업의 안정성과 희소성, 가치성이 뛰어나기 때문이다. 내가 아는 어느 부부는 삼 남매 중 두 명을 의사로 키워냈다. 공학 연구를 희망하는 자녀에게도 의대로 진학하도록 권유했다. 의사가 된 지금 그들은 경제적으로 여유로운 삶을 살고 있어 만족한다. 하지만 이런 의사가 과연 앞으로도 안정된 직업이 될 수 있을까?

2023년 11월, 한국은행 조사국 고용분석팀의 두 연구원(한지우, 오삼일)에 의해 수행된 연구보고서(BOK 이슈노트 2023-30호)가 발표되었다. 제목은 「AI와 노동시장 변화」. '어떤 일자리가 인공지능에 의해 대체될 가능성이 큰가?', 'AI가 노동시장에 미칠 영향과 관련 시사점은 무엇인가?' 등을 연구한 보고서다.

이 보고서는 AI 특허정보를 활용하여 직업별 AI 노출지수를 산출했다. 직업별 AI 노출지수는 현재 AI 기술로 수행 가능한 업무 Task가 해당 직업 Occupation의 업무에 얼마나 집중되어 있는지를 나타내는 것이다. AI 노출지수가 높다는 것은 AI에 의해 대체가 쉬운 일자리라는 것이다. 그 결과, 우리나라 취업자 중 341만 명(전체 취업자 수 대비 12%)은 AI 기술에 의한 대체 가능성이 높은 것으로 나타났다.

대용량 데이터를 활용하여 업무를 효율화하는 일들은 인공지능에 의해 대체 가능성이 높다. 예를 들어 화학 공학 기술자는 생산공정을 설계 및 운영하는데, 인공지능 알고리즘이 기술자를 대체하여 공정 최적화 업무를 수행할 수 있다. 반면, 인공지능 노출 지수가 가장 낮은 일자리는 대면 접촉과 관계 형성이 필수적인 직업들이다. 이러한 일자리는 흔히 '로우테크, 하이터치Low tech, High touch' 직업으로 불리며, 단순 서비스 종사자나 종교 관련 종사자들이 이에 해당한다. 이 보고서에 나타난 AI 노출지수 상위 및 하위 직업은 다음의 표와 같다.

AI 노출지수 상위 및 하위 직업

상위 직업	하위 직업
화학공학기술자	음식 관련 단순 종사자
발전장치 조작원	대학교수 및 강사
철도 및 전동차 기관사	상품 대여 종사자
상하수도 처리장치 조작원	종교 관련 종사자
재활용 처리장치 조작원	식음료 서비스 종사자
금속재료공학 기술자	운송 서비스 종사자

*출처: <AI와 노동시장의 변화>

산업별로 보면, 정보통신업, 전문과학기술, 제조업 등 고생산성 산업에서 AI 노출지수가 높았다. 또한 임금 수준과 학력 수준을 고려하면, 고학력 고소득 근로자일수록 인공지능에 더 많이 노출되어 있었다. 이는 인공지능이 반복적인 작업보다는 분석과 같은 인지적인 업무에 더 적합하게 활용될 수 있기 때문으로 해

석된다. 고소득, 고학력 근로자들이 수행하는 업무가 복잡하고 창의적이며 분석적이기 때문에, AI가 그들의 업무를 지원하거나 대체하는 데 더 많이 사용될 가능성이 크다는 것이다. 또한 직접 대면 서비스를 하는 여성보다는 기술에 더 노출되는 일을 하는 남성의 일자리가 AI 노출지수가 높았다. 예술, 스포츠, 여가나 숙박음식업 등은 낮게 측정되었다.

대표적인 고소득 직업인 의사, 회계사, 변호사 등의 노출지수가 높아 인공지능으로 대체될 가능성이 높다고 예측되었다. 반면에 기자나 대학교수, 성직자 등은 인공지능에 의해 대체될 확률이 낮다고 보았다.

세부 직업별로 보면, 일반의사, 전문의사, 회계사, 자산운용가, 변호사 등 수입이 좋고 안정적이라서 많은 사람이 선망하는 전문직이 인공지능에 의해 대체 가능성이 높은 것으로 나타났다. 기자, 성직자, 대학교수, 가수나 성악가 등은 AI 노출지수가 낮은 것으로 나타났다.

하지만 이는 단순한 예측일 뿐이다. 주요 직업 중에서 인공지능 노출지수가 높은 것과 낮은 것을 보면 다음의 표와 같다.

AI 노출지수 상위 및 하위 직업

상위 직업(노출지수 %)	하위 직업(노출지수 %)
일반의사(상위 1%)	기자(상위 86%)
전문의사(상위 7%)	성직자(상위 98%)
회계사(상위 19%)	대학 교수(상위 98%)
자산운용가(상위 19%)	가수 및 성악가(상위 99%)
변호사(상위 21%)	경호원(상위 99%)

AI 노출지수가 높게 나타난 직업은 앞으로 고용 비중이 줄어들면서 임금 상승률이 낮아질 것이라고 했다. 반면에 AI 기술의 도입은 일자리의 증가와 임금 상승으로 이어질 가능성도 있다고 하였다. AI의 기술은 근로자들에게 새로운 능력과 기준을 요구하게 될 것이다.

연구자들은 앞으로도 STEM 기술에 대한 수요가 계속해서 견고할 것이며, Soft 스킬에 대한 수요는 크게 증가할 것으로 예상했다. STEM 기술은 과학[S. Science], 기술[T. Technology], 공학[E. Engineering], 수학[M.Mathmatics]이며, Soft 스킬은 사회적 기술, 팀워크 능력, 의사소통 능력과 같은 것들이다. 인공지능은 반복적 업무뿐만 아니라 기존 기술로는 한계가 있는 지적 업무까지 대체할 수 있기에, '사회적 기술, 팀워크 능력, 의사소통 능력'과 같은 소프트 스킬이 앞으로 더 많은 보상을 받을 가능성이 크다고 보았다.

의사는 현재 안정적인 직업이지만, 인공지능에 의해 가장 위험한 직업 중의 하나가 될 수도 있다. 인공지능은 돈이 몰리고 패턴을 분석하는 일에서 도입되기 쉬운데, 의사의 일이 인공지능의 일과 같기 때문이다.

그러나 할 수 있다면 의대에 갈 수 있는 실력을 키우라고 하고 싶다. 의대에 갈 정도의 실력이면 다른 어떤 전공으로 바꾸어도 충분한 경쟁력을 가질 수 있기 때문이다. 의대에 진학할 정도의 실력이라면, 학업 능력과 습관, 그리고 어려움을 극복하는 능력, 집중력 등을 갖추었다고 볼 수 있다. 여기에 다른 사람과 잘 어울리는 협력과 의사소통 능력을 키운다면, 어떤 직업으로 전향하더라도 충분한 경쟁력을 갖출 수 있다. 공부를 잘해서 반드시 의사가 되기보다는, 그 능력으로 자신이 하고 싶었던 가치와 삶을 추구할 수 있는 일을 하는 것도 좋은 선택이다.

노동시장의
4계급

따라가기 힘들 정도로 빠르게 진행되는 기술혁명은 머지않은 미래에 빈부 격차를 극명하게 나눌 것이다. 기술혁명이 가져오는 여러 가지 혜택을 충분히 받는 계급이 있는가 하면, 전혀 받지 못하는 계급도 생길 것이다. 계급은 부의 여부에 따라서 달라지겠지만, 교육의 정도에 따라서도 달라질 것이다. 교육의 정도라고 하는 것은 '어느 대학을 졸업했는가?'와 같은 정량적인 측면보다 '사회에서 필요로 하는 공부를 제대로 했는가?'와 같은 정량적이고도 정성적인 교육으로 달라질 것이다. 예를 들어, 학교에서 제공하는 프로그램이 우수하더라도, 사회에서 요구하는 기본 지식과 능력을 제대로 키우지 못했다면 그다지 쓸모가 없을 것이다. 그래서 정작 사회에서 쓸모 있는 공부를 제대로 해야 양극화가 극도로 진행되는 사회에서 살아남을 수 있다. 국가에서 제공하는 기본소득이나 세금으로 주어지는 혜택이 아닌, 자신의 능력으로 살아갈 수 있다.

서울대학교의 유기윤 교수팀은 『미래 사회 보고서』에서 미래의 노동시장이 4개로 분화될 것이라 했다. 가장 상위에는 플랫폼 소유주들로 이루어진 노동시장이 존재할 것이다. 그 하위에는 플랫폼 스타, 그리고 프레카리아트, 그리고 맨 하단에는 인공지성의 노동시장이 있다. 각 계급의 특징을 요약하면 다음과 같다.

- 플랫폼 소유주: 전 세계 상위 기업 중 플랫폼으로 성공적으로 변신한 기업가와 투자자
- 플랫폼 스타: 대중의 감정을 요리하는 정치 9단, 타고난 예체능 천

재, 창조적 전문가

- 프레카리아트: 플랫폼에 종속되어 프리랜서처럼 일하며 살아가는 절대다수의 시민으로 인공지성에 의해 일자리를 뺏기게 되어 일을 하지 못하는 사람이 증가할 것이다.
- 인공지성: 스스로 진화하는 지성을 지닌 정보 시스템이자 법인격을 지닌 인공 생명체로, 사람의 일자리를 점차 빼앗아 갈 것이다.

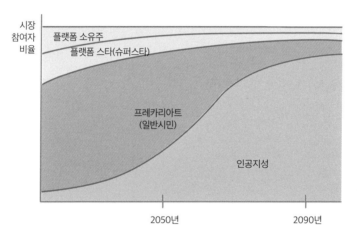

출처: 『미래 사회 보고서』 유기윤 외 2인

『미래 사회 보고서』에 따르면, 미래 우리 자녀가 속할 시장을 예측할 수 있을 뿐만 아니라, 어떤 시장을 목표로 준비해야 하는지 알 수 있다. 그러나 우리 자녀가 플랫폼 소유주가 되는 것은 매우 어려울 것이다. 현재의 대기업들이 주로 이 계급에 속하며, 전체 인구 중에서 플랫폼 소유주가 될 확률은 약 0.001%에 불과하다. 따라서 대기업의 소유주가 아닌 이상, 플랫폼 소유주가 되기는 거의 불가능하다. 다만, 소규모 플랫폼을 만들어 소유주는 가능할 수 있으며, 그 플랫폼이 시장에서 인정받고 활용도가 높다면 그 가능성도 열릴 수 있다. 그러나 플랫폼 스타가 되는 것은 더욱 힘든 일로, 그 확률은 약 0.002%에 불과하다. 현재의 교육 체계로는 이러한 목표를 달성하기 어려운 현실일 수도 있다.

사람은 인공지성이 아니다. 그러므로 인간은 나머지 시장인 프레카리아트라는 시장에 속할 확률이 99.99%를 넘고, 보통 부모 자녀의 미래는 프레카리아트라고 보는 것이 맞다. 그들은 그래프에서 보는 것과 같이 인공지성에게 일자리를 빼앗기고 수입이 적은 일자리를 전전하면서 생활하게 되리라 예견했다.

미래의 플랫폼 소유주들이 경제를 지배할 것이다. 이들은 대체로 전통적인 다국적 기업의 지배자들로, 그 규모는 점점 커질 것이다. 앞으로 각국에서는 중소형의 많은 플랫폼이 생겨날 것이며, 이러한 플랫폼을 소유한 사람들도 등장할 것이다. 이들은 전통적인 교육을 넘어서는 공부와 노력을 통해 시대를 선도하는 인물들이며, 통찰력으로 유망한 사업 아이템을 찾아낸 사람들이다. 결국,

이들은 최상층을 구성하며 경제의 새로운 중심축이 될 것이다.

미래의 플랫폼 스타그룹은 주로 정치 엘리트들, 예체능 스타들, 창조적 전문가들로 구성될 것이다. 플랫폼 스타가 되려면 타고난 재능을 갖고, 그 재능을 발전시켜 발현시키는 사람들이다. 그들은 인공지성을 비서처럼 잘 활용할 수 있고, 미디어 플랫폼을 잘 활용할 수 있는 능력이 있어야 한다.

인공지성은 인지적인 면에서 인간과 비교도 안 될 만큼 우수한 능력을 갖고 있다. 그런 인공지성을 자유자재로 활용할 수 있다면, 남들이 하지 못하는 고도의 창의적 노동이 가능하다. 다른 사람들이 따라올 수 없는 가치를 창출할 수 있는 인재가 될 수 있다. 하지만 이런 가치를 가진 인재라 하더라도, 사람들에게 알려져야 그 가치를 인정받을 수 있다. 미디어 플랫폼을 제대로 활용할 수 있는 능력이 있어야 플랫폼 스타가 될 수 있다는 것이다.

플랫폼 스타가 되려면, 남들이 그 가치를 인정하고 기꺼이 구매하거나 사용해야 한다. 미래에는 모든 개인이 개인 맞춤형 미디어에 둘러싸여 있을 것이므로, 플랫폼 스타의 창조물은 끊임없이 사람들에게 제공될 것이다. 사람들은 그 창조물에 반응할 것이고, 그 반응을 통해 대중의 감성을 사로잡는 지배력을 갖게 될 것이다. 이 지배력은 시간이 지나며 변화할 수 있지만, 그 힘은 대중이 상상하지 못하는 방식으로 강력하게 발휘될 것이다.

이렇듯 플랫폼 스타는 한 분야에서 큰 힘을 갖게 된다. 인터넷과 인공지능 시대에는 그 힘이 점점 커지므로, 그다음의 지위를 갖던 스타들은 점점 그 지위를 잃어 플랫폼 스타가 독보적인 지위를 갖게 될 확률이 커지면서 슈퍼스타가 될 수 있다. 즉, 중간층이 점점 사라지면서 하위층이 증가할 것이다. 상위층은 극상층이 되거나 하위층으로 밀려나게 된다.

인공지능이 더욱 발달하면 지리적인 제약 없이 인공지능과 긴밀히 연결된 사람들만으로 이루어진 새로운 문화가 탄생할 것이고, 그 문화를 만드는 엘리트는 자신들에게 충성하면서 그 외 소외된 수십억 명은 세계적인 빈민촌을 형성하게 될 것이라고 내다봤다. 인공지성을 거느리며 미디어 플랫폼을 정교하게 활용하는 슈퍼스타들이 그들만의 파워 그룹을 만들고, 그들만의 파워 라이프를 영위하게 된다는 것이 유기윤 교수팀의 주장이다.

또한 플랫폼 스타가 되려면, 규격화되고 한계가 정해진 학교 교육을 넘어서는 교육이 필요하다. 교과서를 넘어서 사회에서 필요한 능력과 사회에서 필요한 콘텐츠가 무엇인지를 알면 좋다. 그리고 사람들이 원하는 것이 무엇인지, 내가 어떻게 그런 능력을 갖게 될 것인가를 이해하고 준비할 수 있어야 할 것이다. 준비는 단순히 취미를 넘어서 전문가 이상의 수준이 되어야 한다. 또한 자신을 플랫폼 스타를 만들어 줄 수 있는 기회를 찾아야 하고, 그런 기회를 만들 수 있는 사람과 좋은 연결망을 가져야 한다. 세상은 혼자서 살 수 없고, 혼자서 성공하는 경우는 거의 없다. 어떤 영향을 가진 사람과 연결하거나 발탁되거나 협업을 통해서 가능하다. 그러므로 자신의 재능과 콘텐츠, 인성과 함께 연결망을 만들 수 있는 적극성과 조건을 갖추어야 한다.

인공지능의 발달로 인공지능은 사람들이 할 수 있는 거의 모든 일을 할 수 있는 상태가 될 것이다. 인지적인 분야는 물론 창조적인 분야나 사람의 감정까지 다룰 수 있게 되면서 인공지성은 사람의 일자리를 전방위적으로 침투할 공산이 크다. 고용주가 인간과 인공지성 중에 누구를 고용할 것인가를 선택할 때, 여러 면에서 인공지성을 선택할 가능성이 크기 때문이다. 그러면 인간은 인공지성에게 일자리를 내줄 수밖에 없고 일을 하고 싶어도 하지 못하는 지경에 이를 수 있다. 인간의 삶을 풍요롭게 하기 위한 기술의 발달이 인간의 일자리를 사라지게 하는 것이다.

우리 자녀들이 속하는 프레카리아트의 입지는 갈수록 좁아질 것이다. 미래로 갈수록 일자리는 한시적인 계약직이나 프로젝트별 계약직 혹은 프리랜서의 개념으로 대체될 것이다. 이는 대부분 노동자가 플랫폼에 종속되어 불안정한 일자리에서 일하며 살아간다는 의미다.

일자리
전쟁

    노동시장이 4계급으로 재편되면서 일자리 전쟁은 인간과 인공지성, 그리고 인간과 인간 사이에서 치열하게 벌어질 것이다. 경제가 발전하고 경제 규모가 커지면서 경제적 기회는 증가하나, 일자리 기회는 빠르게 감소할 것이다. 그러므로 안정된 일자리를 원하는 사람들은 생존을 위한 일자리 전쟁을 할 수밖에 없다.

    일자리 전쟁에서 첫 번째 상대는 인간과 인공지성이다. 인공지성이 인간의 일에 투입되면서 가속화될 것이다. 고용주나 기업 등에서 비용이나 효율성, 노무 문제들을 들어 인공지성을 사람보다 더 원하고 기회를 줄 것이기 때문이다. 이 전쟁에서 승리자는 당연히 인공지성이다. 인공지성의 발달로 로봇이나 자동화가 확산되면서 인간이 할 수 있는 일과 영역은 필연적으로 줄어든다. 기업의 입장에서도 같은 비용이면 일을 잘하고 고용주를 감정적으로든 사무적으로든 힘들게 하지 않는 인공지성을 선택할 확률이 높다. 어떤 직업의 경우, 2030년까지 90%가 인공지성으로 대체된다는 예측도 있다. 최소한 50%는 인공지성으로 대체될 분야가 많으며, 그 비율이 점점 증가할 것이라는 예측이다. 사람들은 기술 발전의 속도를 피부로 느끼지만, 그것에 대응하기는 쉽지 않다. 인공지성이 인간의 일자리를 보조하는 방향이 아닌 인간을 대체하는 방향으로 발전하기 때문이다.

로봇을 활용하는 국가 중에서도 우리나라는 특히 높은 로봇 활용 비율을 보인다. 일본이나 독일과 달리, 우리나라는 로봇을 인간 노동자를 돕는 개념보다는 대체하는 개념으로 활용하고 있기 때문에, 인공지능에 의한 일자리 대체 속도가 다른 나라들보다 더 빠를 것이라는 예측이 나오고 있다.

두 번째 일자리 전쟁은 인공지능에 의해 일자리를 빼앗긴 인간들끼리의 경쟁이 될 것이다. 인공지능에게 대체된 사람들은, 인공지성이 넘보지 않는 새로운 일자리를 얻어야만 생존할 수 있다. 이 전쟁에서 패배한 90%의 사람들은 일자리를 얻지 못하고, 결국 미래에는 노예와 같은 하류의 삶을 살아가게 될 것이라는 예측이 있다. 이는 부에 의한 신新 노예사회의 도래를 의미하며, 경제적 격차와 불평등이 심화될 가능성을 내포하고 있다.

각국의 정부는 일자리를 창출하려고 노력하지만, 국가적으로 경제 인프라가 서로 다르기에 결과도 달라진다. 경제 인프라가 제대로 된 국가에서는 좋은 결과를 낼 수 있겠지만, 교육 수준에 따라 달라질 것이다. 1960년대 이후, 높은 수준의 교육을 받은 사람들의 일자리는 90% 수준에서 비교적 안정적으로 유지되었다. 하지만 중하위층의 일자리는 80%(1960년)에서 55%(2010년)로 계속 줄어들었다. 이는 교육 수준의 차이에 따라 성과를 취하는 사람들의 범주가 점차 달라졌음을 보여 준다. 이러한 변화는 우리 자녀들이 높은 수준의 교육을 받아야 함을 나타낸다고 할 수 있다. 즉, 선진국이나 고학력 계층이 아닌 전 세계 대부분의 사람들은 중산층에서 중하위층으로 급격히 하락할 가능성이 크다는 예측이 나온다.

결국 프레카리아트(일반시민)는 전문지식도, 타고난 재능도, 세상을 바꿀 힘도 없다. 다만 플랫폼에 종속되어 주로 노동 집약적인 제조업, 노동 집약적인 서비스업, 소수의 자동화된 시스템 운영자의 역할을 맡으며 근근이 살아갈 것이다. 일자리의 질은 낮아지고, 소득 수준은 형편없어질 것이라고 이 보고서는 내다봤다.

출처: 유기윤 외 2인, 『미래 사회 보고서』

프레카리아트의 소득이 급격히 줄어들어 부에 의한 신노예사회가 될 것이라는 예측은 과히 충격적이다. 자녀의 진로를 고민하는 부모 입장에서는 매우 암담한 상황일 수 있다. 하지만 이러한 상황 속에서도 자녀의 진로에 대한 통찰을 얻을 수 있는 기회가 될 수도 있다.

플랫폼
전쟁

앞으로 플랫폼으로 변신하지 않는 조직은 살아남지 못할 확률이 크다. 플랫폼은 정보 시스템을 고도화하여 정보를 수집, 저장, 분석, 실행, 유통이 효율적으로 진행된다. 미래로 갈수록 개인도 플랫폼화되리라는 것이 유기윤 교수의 예측이다.

SNS로 무장한 개개인은 플랫폼이다. 플랫폼은 거대한 기업으로부터 한 개인에 이르기까지 매우 다양한 형태가 된다. 이처럼 다양한 플랫폼이 존재하는 시대이기에 누구나 플랫폼이 될 수 있지만, 모두가 플랫폼이 될 수 없는 구조이기도 하다. 제대로 된 플랫폼이 되려면, 핵심 역량에 집중하여 존재를 인정받아야 한다. 나머지는 네트워크에 의존해 상생적으로 보완해야 한다.

플랫폼 시대에 자산은 소유가 아닌 '사용'으로 이동하고 있다. 노동도 소유에서 사용으로 이동한다. 미래의 노동은 사용에 방점이 있으며, 정년이 보장된 정규직(노동 소유)에서 계약직과 프리랜서(노동 사용)로 이동한다. 노동자들은 플랫폼을 매개로 안정되지 않은 노동을 하게 될 것이다. 한 연구에 따르면 2030년까지 일자리의 약 90%가 프리랜서 형태로 변화할 것이라는 예측도 있다. 즉, 한 기업에 속해서 안정된 일을 하는 것이 아니라, 모두가 개인 기업으로 건당 노동을 하면서 살아가게 되는 것이다. 이는 미래로 갈수록 노동의 안정성이 점점 사라지는 것으로, 우리 자녀들의 일자리도 안정되지 않을 것이다. 그러므로 안정성 있는 일자리를 차지하기 위한 전략을 세워야 하고, 프리랜서의 일자리를 받아들일 준비도 필요하다.

플랫폼의 수가 증가하면서 정보 우위가 있는 강한 플랫폼이 살아남을 것이고, 노동자들은 살아남은 플랫폼에 종속되어 일하게 될 것이다. 그것은 과거보다 더 큰 규모의 시장에서 상품과 서비스를 팔면서 살아가야 할 것을 의미한다. 경쟁은 더욱 극심해지지만, 대학에서 배운 학문이나 지식이 별 힘을 발휘하지 못할 것이다.

기술의 발달로 스마트폰을 통한 외국어 통·번역이 쉬워지면서, 언어 전공의 수요는 점차 줄어들 가능성이 있다. 그러나 외국어를 배우기 어려웠던 다른 노동자들에게는 언어 장벽이 사라지면서 정보에 접근하고 활용하는 데 있어 큰 이점이 될 것이다. 이는 그들이 더 나은 경쟁력을 갖추게 해주며, 정보의 흐름과 소통이 쉬워짐에 따라 다양한 분야에서 기회를 얻을 수 있게 만든다.

결국, 대학에서 무엇을 공부했느냐는 더 이상 시장에서 팔 수 있는 서비스나 상품을 결정하는 중요한 요소가 아니다. 명문 대학을 졸업했느냐 여부보다 중요한 것은 자신만의 역량을 개발하고, 그 역량을 바탕으로 팔릴 수 있는 콘텐츠를 만들어내는 것이다. 또한 대학 교육이 아닌 평생교육을 통해서도 플랫폼 전쟁에서 승리할 수 있는 기회를 잡을 수 있다.

독해력은
생존을 위한 무기다

"기업은 인력 부족으로 골머리를 앓고 있는데 사회에는 실업자가 넘친다. 기껏 새로운 산업이 탄생한다 해도 그것을 담당할, 인공지능은 하지 못하는 일을 할 수 있는 인재가 부족한 탓에 새로운 산업은 경제 성장의 원동력이 되지 못한다. 한편, 인공지능의 등장으로 일자리를 잃은 사람은 누구나 맡을 수 있는 저임금의 일자리에 '재취업을 하든가 실업자가 되든가' 둘 중 하나를 선택해야 하는 상황에 몰린다."

『대학에 가는 AI, 교과서도 못 읽는 아이들』에 나오는 미래 사회의 조감도이다. 인공지능으로 일자리를 잃은 사람이 많지만 제대로 된 일자리를 찾지 못하고 빈곤하게 살 것이라는 예측이다.

앞으로의 문제는 인공지능으로 일자리를 잃은 사람들이 인공지능은 할 수 없는 다른 일을 하거나, 인공지능으로 인해 새로 생긴 일자리로 옮겨가서 일을 할 수 있는 능력이 있는가이다. 그렇지 못하면 그들은 실업자가 될 것이다. 실업자가 증가하면 그들이 할 수 있는 가처분소득이 감소하면서 소비가 크게 줄어들 것이다. 이는 일자리가 있는 사람들에게도 영향을 미쳐, 실업자가 아닌 사람들이 만든 제품이나 서비스의 구매율이 떨어지면서 소득이 줄어들 수 있다. 그러면 일자리가 있다 해도, 개인적인 물건을 만들어 파는 사람이나 개인 서비스업에 종사하는 사람은 직격탄을 맞을 확률이 커진다. 대기업도 소비자들의 구매력이 떨어지므로, 제품이나 서비스의 판매가 부진해지면서 실업자가 아닌 사람들의 소득도 줄어들 가능성이 커진다.

인공지능 시대가 다가오면서 이런 변화는 우리 자녀들이 직접 맞닥뜨릴 큰 위협이다. 비록 현재는 가정된 상황일지라도 조만간 현실이 될 가능성이 충분하다. 우선 자녀를 키우는 부모들은 자녀의 진로를 결정할 때 부모 세대의 생각에서 벗어나야 한다. 인공지능이 사회를 어떻게, 언제 바꿀지 아무도 예측할 수 없기에 이에 대한 대비가 필요하다.

중요한 점은 인공지능은 인간을 돕기 위해 발전했지만, 그 대상은 노동자가 아니라 고용주라는 사실이다. 인공지능은 일상생활에서 사람들을 돕고, 노동을 쉽게 만들어 주겠지만, 결국 노동자의 일자리를 대체할 것이다. 또한 고용주들의 인건비를 절감하고 일의 효율성을 높여주기 때문에 인공지능은 점차 더 발전하게 될 것이다.

이런 시대에서 실업자가 되지 않기 위해서 갖추어야 할 가장 중요한 능력은 무엇일까? 그중 한 가지로 '독해력'을 들 수 있다. 독해력과 문해력을 제대로 길러야 한다. 기본적인 독해력이 갖춰져 있다면 새로운 직업을 위한 공부나 전환을 시도할 때, 어떤 상황에서도 자신 있게 새로운 직업에 도전할 수 있다. 영국의 산업혁명으로 일자리를 잃은 사람들이 일자리를 잃기 전에 누리던 삶의 수준을 회복하는 데 무려 90년이 걸렸다고 한다. 이는 새로운 기술에 의해 일자리를 잃어버린 사람은 기술의 변화에서 새롭게 만들어진 일자리의 혜택을 보지 못하고 어렵게 살다가 세상을 떠난다는 말이 된다.

새롭게 생긴 일자리의 혜택을 받으려면 새로운 일자리에서 일을 할 수 있는 능력이 있어야 한다. 시대의 빠른 변화 속에서 한 가지 역량을 키워야 한다면 나는 학생들에게 가장 먼저 '독해력'을 길러야 한다고 강조하고 싶다. 새롭게 나타난 기술을 익혀 일자리를 얻는 데 도움을 받을 수 있기 때문이다. 기술뿐 아니라 사회적인 소프트 기술을 익히는데도 책을 통해 배울 수 있다. 책을 읽으면서 이해하고, 느끼고, 감정이입과 몰입을 경험하면서 타인의 입장도 생각할 수 있게 되며, 의사소통 능력도 키울 수 있다.

연구에 따르면, 가정의 경제적 형편과 독해 능력은 음의 상관 관계를 보인다. 이는 경제적 어려움이 있는 가정에서는 자녀가 독서할 기회나 자원을 충분히 갖기 어려워 독해 능력이 낮아질 수 있음을 의미한다. 가정 형편이 어렵더라도 자녀가 책을 좋아 하도록 유도하고 독해력을 키우는 데 교육의 중점을 두어야 한다. 반복 학습과 주입식 교육으로 길러진 능력은 인공지능에 의 해 가장 먼저 대체될 가능성이 높기 때문이다.

의사와 같은 직업도 인공지능으로 대체될 가능성이 높은 이 유는 기록을 암기하고 패턴을 분석하여 결론을 내리는 것이 인 공지능이 가장 쉽게 할 수 있는 일이기 때문이다. 시험에서 좋은 성적을 내는 데 초점을 맞춘 교육을 넘어서는 부모만의 교육적 전략이 필요하다.

자녀에 대한 경제적인 뒷받침은 어렵더라도 어릴 적부터 운 동, 독서, 시 암송 등을 통해 창의적이고 유연한 사고를 키워 줄

수는 있다. 교과서 지식에만 얽매이지 말고, 다른 사람들과 어울리고 소통하며, 재미있는 이야기를 만들 수 있는 능력을 키우는 것이 중요하다. 하지만 이러한 활동이 단순한 놀이에만 그쳐서는 안 된다. 책을 읽고 그 내용을 이해하는 능력, 즉 독해력으로 이어져야 한다. 독해 능력이 갖춰지면 좋은 고등학교나 대학에 진학하는 데 큰 도움이 될 것이다.

『대학에 가는 AI, 교과서도 못 읽는 아이들』 책에서도 이 같은 주장을 한다.

> "인공지능과 공존하는 사회에서 사람들은 인공지능이 하지 못하는 일을 할 수 있는 능력을 길러야 한다. 학생들이 중학교를 졸업하기 전까지 교과서를 읽고 이해할 수 있는 능력을 기르는 것이 가장 중요한 교육 과제다."

현재 많은 학생이 대학에 진학하지만, 과거보다 사고력이 많이 떨어졌다는 이야기를 자주 듣는다. 이는 교과서를 제대로 이해하지 못한 채 대학에 진학하기 때문으로 보인다. 인공지능이 발달하는 시대에는 이러한 대학의 효용성은 점차 줄어들 것이다. 오히려 독해력과 올바른 태도를 갖춘 사람이 더 중요한 인재가 될 것이다.

일본의 교육 목표도 이를 반영하고 있다. 중학교 졸업 전까지 모든 과목의 교과서를 읽고, 그 내용을 정확히 이해하고 떠올릴 수 있도록 가르치는 것이 목표다. 나는 이 목표가 인공지능 시대를 살아갈 청소년들에게 꼭 필요한 교육이라 믿는다. '시험점수'가 아닌 '생존능력'이 중요하다. 아무리 시험 성적이 좋아도 생존 능력을 갖추지 못한다면, 그 사람의 인생이 과연 행복할 수 있을까? 자녀가 행복한 삶을 살기 원한다면, 그들에게 필요한 진정한 능력을 길러 주어야 한다.

9개의
미래 권력과 기술 혁명

『2040 디바이디드』의 조병학 저자는 2040년이 되면 인류는 완전히 나뉘어 빈부의 격차가 극명하게 나타날 것이라고 했다. 2020년부터 일자리가 본격적으로 사라지면서 현재의 중산층은 2035년에 대부분 사라질 것이라고 내다봤다. 또한 인류가 만들어 낸 과학기술 융합 혁명이 인류의 역사 20만 년간 진화해 온 모든 것을 가진 극소수의 사람과 가진 것이 거의 없는 다수의 사람으로 나누게 될 것이라고 주장한다. 우리가 10년, 15년 동안 무엇을 하느냐에 따라 극소수의 가진 자와 다수의 못 가진 자가 결정될 수 있다는 것이다.

그는 9개의 권력이 서로 융합하면서 미래를 결정하고 만들어 갈 것이라고 했다. 저자가 말하는 9개의 미래 권력은 ① 식량 ② 에너지 ③ 생명공학 ④ 인공지능 ⑤ 투명한 정치 ⑥ 디지털 권력 ⑦ 신경제학 ⑧ 휴머니즘 ⑨ 로봇이다.

식량과 에너지는 개인과 국가의 먹고사는 문제로 이를 충분히 확보한 국가가 권력을 갖게 될 것이라고 강조한다. 생명공학은 인류 전체에 혜택을 주겠지만, 장기 교체나 수명 연장과 같은 기술은 가난한 사람이 접근하기 어려울 수 있다.

인공지능은 인간 생활의 모든 영역에서 힘을 쓸 것으로, 인간을 조종하게 될 수도 있으며, 투명한 정치, 디지털 권력, 신경제학은 국가와 사회를 유지하는 근간이 될 수 있다. 인간은 로봇과 다르지만, 생명공학과 로봇 기술의 발전으로 인간 신체의 여러 부분이 로봇처럼 되거나, 심지어 컴퓨터와 같은 기능을 갖게 될 가능성도 있다는 것이다.

저자의 설명은 매우 설득력이 있다. 지금 사회의 변화가 저자의 말대로 되고 있다. 미래의 9가지 권력은 독립적인 면도 있지만 융합해서 작용한다. 그러면서 새로운 권력을 창조한다.

이 책에서 저자는 2020년대에 급속히 발전할 9가지 기술혁명 분야도 제시했다. ① 인공지능 ② 자동화공장 ③ 3D 프린팅 ④ 사물인터넷 ⑤ 바이오 헬스케어 ⑥ 핀테크 ⑦ 데이터 ⑧ 뉴 모빌리티 ⑨ 식량과 에너지 분야이다. 이런 기술은 앞으로 많은 인력이 필요할 것이고, 이 분야를 제대로 공부한 사람이면 일자리를 찾는 데 어려움이 없을 것이다.

그러나 기술혁명은 새로운 일자리를 창출하기보다는 기존 일자리를 줄이는 경향이 있다. 과거 산업혁명 때도 많은 직종이 사라졌지만, 새롭게 등장한 일자리가 이를 대부분 흡수했다. 그러나 지금은 자동화된 로봇과 인공지능이 그 역할을 대신하고 있어, 기술혁명으로 사라진 일자리를 사람이 대체하기가 점점 더 어려운 상황에 놓이게 되었다.

기술혁명은 사람의 힘이 필요 없게 만들기 때문이다. 기술혁명은 일자리를 제로로 만들어 가는 과정이라고 보면 된다. 기술혁명으로 일자리에서 밀려난 사람들은 새로운 일자리로의 흡수가 어려워 실직자가 될 것이다. 그들은 기술혁명의 영향을 받지 않는 저임금 일자리에서 일을 찾을 가능성이 크다. 개인에게 일자리는 생존이기 때문이다.

① 인공지능Artificial intelligence

118

인공지능은 초지능으로 발전하여, 거의 모든 영역에서 인간의 역할을 대신하게 될 것이다. 고용주나 사업가는 인간 대신 인공지능을 활용하게 될 것이므로, 인간의 일자리는 점점 줄어들게 된다.

② 자동화공장 Smart factory

자동화공장은 사람이 사라지고, 로봇이 일하는 공장이다. 로봇은 인공지능 컴퓨터로 통제된다. 자동화공장에서는 소수의 사람만이 필요하다. 로봇의 작동 불능이나 오류를 확인하는 일과, 제품의 품질 검사, 그리고 주문이 들어오면 생산량을 조절하는 일 정도일 것이다. 미국이나 유럽은 경제활동인구가 줄어들기에 자동화가 필수인 데 반해서, 우리나라는 자동화가 일자리를 감소시킬 것이다.

③ 3D 프린팅

3D 프린팅은 공장이 아닌 곳에서도 제품을 만들어서 공장의 필요를 못 느끼게 한다. 3D 프린터는 공장의 경쟁자로 설계도와 원료만 있다면 못 만드는 것이 없다. 인공장기로부터 자동차, 집에 이르기까지 모든 것을 만들 수 있다. 소재 산업의 발전을 가져오게 될 것이다.

④ 사물인터넷

사물인터넷은 5G 통신 기술과 융합하면서 초고속 연결 사회를 만든다. 5G 통신 기술은 모든 것이 연결되어 모든 영역에서 활용될 수 있다. 현실과 연결되고 혼합된 가상 세계에서 살게 될 것이다. 인간의 뇌와 컴퓨터나 기계가 연결되어, 사람의 생각만으로 기계가 움직일 수 있는 시대가 도래할 수 있다.

⑤ 바이오 헬스케어

바이오 헬스케어는 인공 장기를 만들어 이식함으로써 노화를 늦추고 수명을 연장하게 될 것이다. 이런 과정을 통하여 인간은 로봇을 융합한 휴먼Trans Human이 되어 갈 것이다. 그리고 인간의 뇌와 컴퓨터의 메모리 칩을 연결하게 될 것이다.

⑥ 핀테크

핀테크는 은행과 기업의 경계를 무너뜨려 금융장벽을 없앴다.

⑦ 데이터

데이터는 과거에서 미래를 예측하는 기술로, 이를 통해 정보가 생성되고, 이 정보는 기업에 큰 가치를 제공하여 부를 창출하게 된다. 데이터를 갖지 못한 기업은 데이터를 가진 기업과 경쟁할 수 없다. 빅데이터는 특정한 집단의 변화나 트렌드를 분석해 제품 개발이나 서비스에 반영한다. 스몰 데이터는 개인 맞춤형 제품이나 서비스를 제공하는 데 활용한다.

⑧ 뉴모빌리티

지금까지의 이동 방식과는 전혀 다른 새로운 이동성이 등장하고 있다. 우리는 땅을 넘어 하늘과 우주로 이동하게 될 것이며, 5단계 완전 자율주행 자동차는 지상의 모든 이동 수단에 혁신을 일으킬 것이다. 하늘에서는 드론이 새로운 교통수단으로 자리 잡고, 교통수단은 점차 무인화되어 우주로 나아갈 것이다. 결국, 우주여행은 우리에게 더 이상 특별한 일이 아니라 자유롭게 누릴 수 있는 일상이 될 것이다.

⑨ 식량과 에너지

인구는 2030년까지 약 85억 명으로 추산된다. 생명과학의 발달로 수명이 연장되면서 인구는 계속 증가할 것이고, 이에 식량이 부족하게 될 것이다. 유전공학의 발달로 식량 생산량이 증가하겠지만, 식량은 부족한 곳과 충분한 곳으로 나뉠 것이다.

출처: 『2040 디바이디드』 인사이트앤뷰

현재는 탄소 에너지를 주로 사용하고 있지만, 앞으로 재생에너지가 증가할 것이다. 인공지능 관련 산업의 발달은 많은 에너지를 필요로 하여 미국에서는 원자력 발전을 재개하기로 하였다. 우크라이나와 러시아의 전쟁으로 에너지가 부족한 유럽에서도 원자력 발전에 대한 관심이 높아지고 있다. 미래에는 에너지를 많이 가진 나라와 적게 가진 나라 사이의 빈부 격차가 더욱 두드러지게 될 것이다.

청소년을 위한 미래 기술

2023년 1월에 한국과학기술기획평가원^{KISTEP}의 기술예측센터에서는 미래 예측 연구자료로 「MZ세대를 위한 미래 기술」이라는 보고서를 냈다. 이 자료는 사회에 진출하기 위해 준비하는 청년과 청소년들이 앞으로의 진로를 고민할 때 중요하게 참고할 충분한 자료가 될 것이다.

이 연구에서 밝혀진 10가지 미래 기술은 IT 기술을 활용한 소통 플랫폼, 가짜 뉴스 탐색 및 판별 기술, 디지털 자산 대상 금융 범죄 예측, 개인 맞춤형 문해력 향상 학습 솔루션, 가상 세계 성범죄 예방·탐색·판별 기술, 인간과 협업하는 인공지능·로봇, 정신건강 증진을 위한 디지털 치료, 체험형 교육 콘텐츠 서비스, 오류/오작동 예방 소프트웨어 안전 기술, 차세대 보안 기술 등이다.

① IT 기술을 활용한 소통 플랫폼

디지털 기술 활용에 따른 참여 민주주의가 확대되고 있다. 이념이나 집단 논리를 벗어나 생활, 문화, 환경 등으로 개인과 사회 아젠다를 중심으로 정치적 지평을 확대할 필요가 제기된다. 이는 다양한 계층 간 갈등이 심화하면서 대결 구도가 고착되는 시대가 되었다.

이러한 시대 상황에서 인공지능과 메타버스 등의 기술을 활용해 세대 간 정치적 소통, 여론 형성 및 연대를 위한 민주주의 플랫폼이 필요하다. 이 기술은 개인 간 실용주의 지향, 소통 커뮤니케이션 인프라를 구축하여 사회적 포용 소통 채널 등으로 활용이 가능하다.

② 가짜 뉴스 탐색 및 판별 기술

디지털 기술을 활용한 여론 조작 및 가짜 언론이 확산할 가능성이 커졌다. 이에 대해 인공지능을 활용하여 가짜 뉴스, 여론 조작, 여론 편집 등을 탐색하고 판별하는 기술이 필요하다. 러시아와 우크라이나 전쟁에서 가짜 영상이 배포되는 등 정치적으로 악용되는 사례가 존재한다. 이런 위험 요소가 크므로 국가가 원천 기술을 확보하여 대응하는 노력이 필요하다. 이에 5년 이내 실용적인 수준으로 활용이 가능할 것으로 기대된다.

③ 디지털 자산 대상 금융 범죄 예측

사회가 성숙하면서 경제활동이 변화한다. 금융자산을 저축에 집중하던 시대에서 글로벌 주식이나, 채권, 현물, 원자재 투자 및 가상자산 투자 등의 다양한 수단으로 분산투자를 확대하는 시대가 되었다.

이런 시대에 디지털 자산 대상 금융 범죄를 예측하려면, 블록체인과 인공지능 기술을 활용한 금융 범죄를 예측하는 기술이 필요하다. 국내외 보안 업체에서 예측을 중요한 기술로 인지하고 활발한 연구를 수행하는 상황이다. 은행 직원의 횡령 등 사회적 문제해결을 위한 기술·데이터 학습을 위해 개인정보 활용 문제가 있다. 하지만 정부의 마이데이터^{Mydata} 정책으로 이러한 문제를 해결하고자 하므로 파급 효과가 클 것으로 예상된다.

④ 개인 맞춤형 문해력 향상 학습 솔루션

디지털 격차, 즉 정보의 비대칭성은 소득과 자산뿐만 아니라 문화와 교육의 격차도 심화시키고 있다. 이러한 격차를 해소하기 위해서는 기술적 해결책이 필요하다. 그 중 하나가 인공지능과 빅데이터를 활용한 개인 맞춤형 문해력 향상 학습 솔루션이다. 이는 특히 영상 중심의 콘텐츠를 접하는 MZ세대의 문해력 문제를 해결하기 위한 국어교육 플랫폼 개발을 목표로 한다.

⑤ 가상 세계 성범죄 예방·탐색·판별 기술

디지털 격차가 심화됨으로써 디지털 기술에 의한 반사회적인 문제나 윤리적인 문제가 대두된다. 이러한 문제에 대응하기 위한 기술이 필요하다. 그 일환으로 메타버스 게임 등에서 발생할 수 있는 성범죄를 예방하고 탐지하는 AI 경찰과 같은 기술이 요구된다. 또한 인공지능의 신뢰성을 높이기 위해 설명이 가능한 인공지능XAI, eXplainable AI 기술의 개발이 필수적이다. 이를 통해 인공지능의 결정을 이해하고 투명성을 확보할 수 있다. 특히, 공정을 중시하는 MZ세대를 위해 편향된 결과가 나오지 않도록 주의할 필요가 있다. 현재 비속어 필터링 기술이 활용되고 있으며, 기술적 난이도는 10년 이내 충분히 해결될 수 있을 것으로 보인다. 그러나 이를 실현하기 위해서는 제도적 뒷받침과 법적 보완이 반드시 필요하다.

⑥ 인간과 협업하는 인공지능·로봇

사회는 저출산과 고령화 등 인구 구조적인 변화에 직면해 있으며, 그로 인해 노동인구가 감소하고 있다. 그러나 이 현상은 인공지능, 제조 로봇, 서비스 로봇 등의 기술을 활용함으로써 감소하는 노동인구의 빈자리를 채울 수 있다. 따라서 사람과 상호작용하는 인공지능, 그리고 사람과 로봇 협업 기술이 필요하다.

또한 HCI^{Human Computer Interaction}에 대한 지속적인 연구가 필요하다. 생산 현장 등에서 상용화될 수 있도록 기술 개발과 원가 절감 등에 대한 노력도 필요하다. 인간이 더 창의적인 작업을 수행할 수 있도록 인공지능과의 협업이 필요하다.

⑦ 정신건강 증진을 위한 디지털 치료

개인 행복주의의 라이프 스타일이 확산되고 있다. 이는 사회적 관계의 어려움이 증가하면서, 개인적으로 외로움이나 심리적 병리 현상이 더 많이 발생하고 있음을 의미한다. 그러므로 개인 웰빙과 정신건강 증진을 위한 디지털 치료 기기 및 서비스 개발 기술이 필요하다. 라이프 로그를 기반으로 인공지능을 활용하여 감성케어 디지털 치료제 개발이 가능하다.

1인 가구가 노인뿐 아니라 젊은 층에서도 증가하고 있으며 불안감과 우울감이 높은 MZ세대의 정신건강을 치료하기 위한 메타버스, VR/AR 기술을 활용한 기술의 발전으로 개인의 정신건강 증진을 위한 디지털 치료제가 개발될 것이다.

⑧ 체험형 교육 콘텐츠 서비스

이제 MZ세대는 일상이 디지털화가 되었다. 이런 세대의 특성으로, 메타버스 등을 활용한 가상 공간에서의 문화, 교육 콘텐츠 활용이 증가할 것이다. 이에 메타버스와 인공지능 등을 활용한 체험형 교육 콘텐츠 서비스 개발이 필요하다. 교육뿐 아니라 개인의 웰빙이나 건강을 위한 콘텐츠가 필요하다. 또한 상황극 체험 등을 통해 다른 사람과의 갈등 완화 서비스 제공이 가능하다.

⑨ 오류/오작동 예방 소프트웨어 안전 기술

디지털이 일상화가 된 MZ세대에 개인정보 유출이나 해킹 등에 의한 개인의 프라이버시가 침해될 확률이 증가한다. 이에 디지털 기술의 오류 및 오작동을 예방할 수 있는 소프트웨어 안전 기술이 필요하다. 리버스 엔지니어링이 가능하도록 코드를 짜거나, 코드 개발자들이 명확한 목적과 윤리의식을 갖고 프로그램을 개발하도록 접근해야 한다.

⑩ 차세대 보안 기술

디지털이 일상화된 세대에게 개인의 정보를 안전하게 지킬 수 있는 기술이 필수적이다. 이는 블록체인 기술을 활용한 차세대 보안 기술이 대표적이다. 위조된 부품을 판단하기 위해 QR코드를 활용하여 이전 생산 제품에 일련번호를 넣어 자신들의 암호화 방식으로 검증하여 정품을 평가하는 기술로 활용되고 있다. 식품 이력 등 다양한 산업에서 활용될 것으로 기대된다.

출처:「MZ세대를 위한 미래 기술」한국과학기술기획평가원(KISTEP)의 기술예측센터 보고서

인공지능 시대에 부상할 미래 직업들

앞으로 어떤 분야의 직업이 유망할까? 지금은 제4차 산업혁명 시대다. 코로나19와 생성형 인공지능이 발달하면서 산업 구조 개편이 빠르게 진행되고 있다. 하지만 이런 개편에도 불구하고 근본적인 산업은 앞으로 상당 기간 유지될 공산이 크다. 이런 직업을 연구한 자료가 2018년에 한국직업능력원(https://www.career.go.kr/cnet/front/base/guidebook/guideBookList.do)에서 발간한 「미래 직업 가이드북」이다.

이 책은 정부에서 청소년들에게 미래 사회의 직업 세계를 대비할 수 있도록 미래 직업을 안내하기 위해 제작하여 보급하는 책이다. 직업 세계는 인공지능, 지능형 로봇, 사물인터넷, 빅데이터 등 과학기술의 발전으로 격변이 일어나고 있다. 이런 다양한 분야의 기술이 융합하면서 사회, 경제, 기술 등에서 혁신적인 변화가 일어나고 있으며, 새로운 직업이 창출되고 있다.

다음에 소개되는 직업 이외에도 많은 직업이 있으며 개인이

직업을 만들 수도 있다. 직업은 학자들이 규정한 직업명에 의해 고정되는 것이 아니라, 사회의 필요에 따라 공급자의 능력에 따라 다양하게 만들어질 수 있다. 늘 변할 수 있기에 직업명은 그다지 중요하지 않을 수 있으며, 같은 일을 하더라도 이름이 다를 수 있다.

앞으로 예측되는 9가지 분야의 유망직업(신직업)은 다음의 표와 같다. 이 표에 나타난 직업만이 유망한 것이 아니다. 이 직업은 기존의 직업보다 새롭게 생겨나는 직업이다. 기존부터 유망한 직업도 많지만, 이곳에서는 설명하지 않았다. 기존에 존재했지만 새로운 기술이 접목되지 않고 사람들의 눈에 띄어 각광받지 못해도 좋은 직업이 많다.

아래의 직업은 '새로운' 직업이다. 새롭게 등장한 직업만이 이 세상을 이롭게 하는 것이 아님을 기억하자. 더 자세한 내용을 알고 싶다면 다음의 QR코드를 이용해 보고서를 찾아보면 된다.

로봇 분야

로봇 분야의 기존 직업은 기계공학 기술자, 기계공학연구원, 산업용로봇조작원, 자동차공학기술자, 메카트로닉공학기술자,

http://bit.ly/40XAOLI

분야	미래 직업(신직업)
1. 로봇	로봇공학자, 인공지능전문가, 무인자동차엔지니어, 드론전문가, 로봇윤리학자
2. 바이오	생명공학자, 바이오의약품 개발 전문가, 생물정보 분석가, 생체인식전문가
3. 연결	사물인터넷전문가, 사이버평판관리자, 크라우드펀딩전문가, 빅데이터전문가, 클라우드시스템엔지니어, 항공우주공학자
4. 안전	정보보호전문가, 디지털포렌식수사관, 블록체인전문가, 스마트재난관리전문가, 지식재산전문가
5. 에너지	신재생에너지전문가, 기후변화대응전문가, 스마트그리드엔지니어, 해양에너지기술자
6. 놀이	게임기획자, 문화콘텐츠전문가, 드론콘텐츠전문가, 개인미디어 콘텐츠 제작자, 게임방송 프로듀서, 디지털큐레이터, 반려동물 훈련 및 상담사, 해양레저전문가, 여행기획자, 스포츠심리상담원
7. 건강	의료기기 개발 전문가, 노인전문간호사, 헬스케어컨설턴트, 노년플래너, 원격진로코디네이터
8. 의식주	스마트의류개발자, 스마트팜구축가, 정밀농업기술자, 곤충음식개발자, 곤충음식조리사, 스마트도시전문가, 도시재생전문가
9. 디자인	캐릭터디자이너, UX디자인컨설턴트, 가상현실전문가, 홀로그램전문가, 3D 프린팅전문가

전자공학기술자, 전자장비설치 및 수리원, 정밀기기제품 제조원, 자동차조립원, 전기공학기술자, 전자부품 및 제품생산직, 컴퓨터하드웨어 기술자 및 연구원, 공업기계 설치 및 정비원 등이 있다. 대표적인 미래 직업에는 로봇공학자, 인공지능전문가, 무인자동차엔지니어, 드론전문가, 로봇윤리학자 등이 있다. 이외

에도 로봇 관련 직업은 많다.

① **로봇공학자**: 로봇공학자는 크고 작은 부품과 장치를 연구, 개발한다. 로봇을 개발, 운용, 정비, 수리하는 사람도 포함한다. 로봇을 만들기 위해서는 이공계열의 다양한 학문을 공부하는 것이 좋다. 로봇공학자가 되려면 대학에서 기계공학, 전자공학, 소프트웨어 공학 및 제어 계측을 공부해야 한다.

② **인공지능 전문가**: 인공지능 전문가는 인간만이 갖는 특징을 이해하고, 컴퓨터와 로봇 등이 인간처럼 생각하고 결정을 내리도록 하는 기술을 개발한다. 인공지능 전문가가 되기 위해서는 컴퓨터공학, 정보공학, 정보 시스템, 정보 처리와 이와 관련된 분야를 전공하는 것이 좋다. 또한 수학, 수리 논리학, 기초과학, 심리학, 신경생리학 등의 전공자들도 인공지능을 연구할 수 있다.

③ **무인 자동차 엔지니어**: 무인 자동차 엔지니어는 무인 자동차가 도로를 달리는 데에 필요한 전문 분야의 첨단 기술을 설계하고 개발한다. 자동차엔지니어, 소프트웨어 개발자, 빅데이터 전문가, 인공지능 전문가 등의 직업과 관련성이 높다.

무인 자동차 엔지니어가 되기 위해서는 물리학, 컴퓨터공학, 자동차공학, 기계공학, 전기공학, 전자공학 등을 전공하는 것이 좋다.

④ **드론 전문가**: 드론 전문가는 드론 개발자와 드론 조종사를 포함한다. 드론 개발자는 드론의 비행을 제어하는 소프트웨어를 개발하고, 다양한 응용 분야에 필요한 응용 장치를 연구 개발한다. 드론 전문가가 되기 위해서는 고졸 이상의 학력이면 되고, 항공 관련 전공을 공부해야 한다.

⑤ **로봇 윤리학자**: 로봇 윤리학자는 로봇과 관련된 윤리적인 문제에 해답을 찾는 연구를 한다. 로봇 윤리학자는 주로 로봇을 개발하는 분야에서 활동한다. 학문적으로는 대학에서 윤리학, 법학 등을 연구하는 교사나 학자들이 로봇 윤리학자가 될 가능성이 크지만, 현실적으로 변호사 등의 법조계 직업인들이 이 역할을 맡을 가능성이 높아 보인다. 로봇공학과 법학 공부를 대학 수준 이상으로 하는 것이 좋다.

바이오 분야

바이오 분야의 기존 직업에는 유전공학 연구원, 생물학 연구원, 해부학 연구원, 약사, 의사, 치과의사, 임상병리사, 임상심리사, 화학 연구원, 화학공학 기술자, 식품공학 기술자, 수의사 등이 있다. 미래 직업에는 생명공학자, 바이오의약품 개발 전문가, 생물정보분석가, 생체인식 전문가 등이 대표적이지만 이외에도 많은 직업이 있다.

① **생명공학자**: 생명공학자는 생물체의 성격을 밝혀내고 이를 활용하여 각종 물질을 생산하거나 만든다. 생물학, 의약 등 생명공학 지식을 바탕으로 새로운 약품이나, 줄기세포 등의 제품과 기술을 개발한다.

생명공학자가 되려면 대학에서 생물학, 미생물학, 생명공학, 유전자공학, 농업생명과학 등이나 의학, 수의학, 약학 등을 공부하되, 박사 학위까지 취득해야 가능성이 높다.

② **바이오의약품 개발 전문가**: 바이오의약품 개발 전문가는 화학적으로 만들어 낸 물질이 아닌 생물체에서 얻은 물질을 이용하여 의약품을 개발하고 만든다. 대학이나 석박사 이상의 학

력이 필요하며, 생물학, 유기화학, 생리학, 약리학, 독성학, 병리
학, 생명과학, 유전공학, 생화학, 약학, 수의학 등을 전공하는 것
이 좋다.

③ **생물정보 분석가**: 생물정보 분석가는 생물의 유전자에서
출발해 단백질, 세포, 기관, 인간 전체에서 나오는 생물학적 정
보를 수집하여 데이터로 만들고, 이를 발전시키는 작업을 한다.
대학 이상의 학력이 필수이며 생물학, 유전공학, 생명공학, 생화
학, 융합의학, 통계학, 전산학, 수학 등을 공부해야 한다.

④ **생체인식 전문가**: 생체인식 전문가는 디지털카메라, 스캐
너 등의 센싱장치로 생체정보(지문, 얼굴, 눈동자의 홍채, 정맥 등)를 파
악하여, 이를 통해 본인임을 확인해 주는 장치를 만든다. 컴퓨터
및 광학 기술을 공부해야 하고, 인공지능 기술 관련 석·박사 학
위를 취득하면 유리하다.

연결 분야

연결 분야의 기존 직업에는 IT컨설턴트, 인공위성개발원, 데
이터베이스관리자, 네트워크엔지니어, 통신공학기술자 및 연구

원, 통신망설계 운영기술자, 항공교통 통제사, 통신장비 기술자, 시스템운영관리자, 웹마스터, 웹프로듀서, 웹 및 멀티미디어 기획자 등이다.

대표적인 미래 직업에는 사물인터넷전문가, 사이버평판관리자, 크라우드펀딩전문가, 빅데이터전문가, 클라우드시스템엔지니어, 우주항공공학자 등이며, 이외에도 많은 직업이 있다.

① **사물인터넷 전문가**: 사물인터넷 전문가는 우리 주변에 있는 사람, 사물, 공간과 관련된 데이터를 인터넷으로 연결하여 새로운 정보가 생성, 수집, 공유, 활용되도록 한다. 이를 통해서 새롭게 가치 있는 것을 만들거나 이전에 없던 편리함을 사람들에게 제공한다. 고졸 이상의 학력이 요구되는데, 정보통신 공학, 컴퓨터공학, 소프트웨어공학, 정보보호공학 등을 전공하는 것이 좋다.

② **사이버평판 관리자**: 사이버평판 관리자는 주로 온라인에서 개인이나 기업에 관련된 사람들의 평가나 만족·불만족 내용과 같은 평판을 감시한다. 언론홍보, 마케팅, 신문방송, 미디어 관련 전공을 공부해야 한다.

③ **크라우드펀딩 전문가**: 크라우드펀딩 전문가는 크라우드펀딩 중개를 담당하는 금융투자업자로서, 자금이 필요한 사람과 자금을 투자하고 싶은 사람 사이를 단순히 중개한다. 대졸 이상의 학력이 요구되는데, 경제학과, 금융보험학과, 수학과, 통계학과 등을 전공하면 좋다.

④ **빅데이터 전문가**: 빅데이터 전문가는 대량의 빅데이터로 사람들의 행동이나 시장의 변화 등을 분석하는 데 도움이 되는 정보를 제공한다. 빅데이터를 활용하기 위한 높은 수준의 지식과 기술이 필요한데 통계학, 컴퓨터공학, 산업공학, 경영학 등을 공부해야 한다.

⑤ **클라우드시스템 엔지니어**: 클라우드시스템 엔지니어는 인터넷의 서버에 각종 컴퓨터 프로그램을 올려놓고 여러 이용자가 인터넷에 접속하여 데이터를 저장하고 처리할 수 있게 하는 기술을 개발한다. 대학 졸업 수준의 학력이 요구되는데, IT 관련 컴퓨터 공학을 전공하는 것이 좋다.

⑥ **항공우주 공학자**: 항공우주 공학자는 다양한 형태의 항공기를 설계하고 제작한다. 항공우주공학, 기계공학, 전자공학, 재

료공학 등을 공부해야 한다.

안전 분야

안전 분야 관련 기존 직업에는 산업안전원, 교통안전연구원, 무인경비시스템종사원, 손해사정사, 소방관, 경찰관, 경호원, 경비원, 청원경찰, 환경위생검사원, 법무사, 변리사 등이 있다. 대표적인 미래 직업으로는 정보보호 전문가, 디지털포렌식 수사관, 블록체인 전문가, 스마트재난관리자, 지식재산 전문가 등이 있는데, 이외에도 많은 직업이 있다.

① **정보보호 전문가**: 정보보호 전문가는 조직의 정보보호가 제대로 이루어지고 있는지 확인하여 모의 해킹 시 취약점을 분석하여 가치 있고 중요한 정보를 보호하기 위한 대응 방안을 제시한다. 정보보호, 정보통신, 컴퓨터공학 등을 공부해야 한다.

② **디지털포렌식 수사관**: 디지털포렌식 수사관은 컴퓨터나 노트북, 휴대폰 등 각종 저장매체 또는 인터넷상에 남아 있는 디지털 정보를 수집하고 분석해 범죄 단서를 찾는다. 정보통신공학, 컴퓨터공학, 정보보호학을 공부해야 한다.

③ **블록체인 전문가**: 블록체인 전문가는 블록체인 기술을 활용할 수 있는 분야나 산업을 찾고 이를 적용하기 위한 소프트웨어를 설계하고 개발한다. 블록체인 기반의 암호화폐를 개발한다. 블록체인 기술이나 암호화폐가 실생활에서 사용될 수 있도록 지속적으로 소프트웨어를 개선한다. 컴퓨터공학, 소프트웨어공학, 정보보호, 암호학, 금융학, 경제학, 산업공학 등을 공부해야 한다.

④ **스마트재난관리 전문가**: 스마트재난관리 전문가는 각종 스마트기기를 활용해서 신속하고 정확하게 재난에 대응할 수 있도록 도와준다. 방재학, 소방학, 정보통신공학, 컴퓨터공학, 소프트웨어학과 등을 공부해야 한다.

⑤ **지식재산 전문가**: 지식재산 전문가는 특허, 브랜드, 디자인 등 지적 활동으로 발생하는 지식재산을 만들어내고 이를 활용하거나 보호할 수 있도록 도와준다. 법학, 공학, 경제학, 경영학 등을 공부해야 하고, 변호사나 변리사 등이 유리하다.

에너지 분야

에너지 분야의 기존 직업에는 에너지공학 기술자, 대체에너지개발 연구원, 대기환경 기술자. 환경설비기술자, 기상 연구원, 해양학 연구원, 석유화학기술자, 수질환경 연구원, 원자력 연구원, 자연과학 연구원, 해양환경기사, 발전장치조작원 등이 있다. 대표적인 미래 직업으로는 신재생에너지 전문가, 기후변화 대응 전문가, 스마트그리드엔지니어, 해양에너지기술자 등이 있는데, 이외에도 많은 직업이 있다.

① **신재생에너지 전문가**: 신재생에너지 전문가는 태양광, 풍력, 지열, 바이오 에너지, 연료전지, 수소에너지 등을 이용하여 전기를 생산하고 이용하는 기술을 개발한다. 신재생에너지학과, 전기공학과, 태양광공학, 에너지자원공학 등을 공부해야 한다.

② **기후변화 대응 전문가**: 기후변화 대응 전문가는 기후변화가 기업이나 정부 정책에 미치는 영향을 분석하고 개선 방법을 제안한다. 기상학, 천문학, 환경공학, 환경학 등을 전공하고 석사나 박사 학위를 받으면 유리하다.

③ **스마트그리드엔지니어**: 스마트그리드엔지니어는 전기를 생산, 운반, 소비하는 과정을 정보통신 기술과 결합하여 지능형 전력망을 개발하고, 효율적으로 전력을 관리하는 지능형 전력망(스마트그리드)을 운영한다. 전기공학, 기계공학, 기계설비, 전자공학, 정보통신공학, 시스템제어공학, 전기설비 등을 공부해야 한다.

④ **해양에너지 기술자**: 해양에너지 기술자는 파도, 조류, 조력, 해수 온도 차를 이용하여 에너지를 얻는 기술을 연구하고, 바다의 자원을 활용할 수 있는 방법과 기술을 개발한다. 해양공학, 해양학, 에너지공학, 전기공학, 자원공학, 환경학 등을 공부해야 한다.

놀이 분야

놀이 분야의 직업으로 네일 아티스트, 메이크업 아티스트, 반려동물 미용사, 레크레이션지도자, 여행 안내원, 운동경기 심판원, 스포츠에이전트, 운동선수, 큐레이터, 작곡가, 성악가, 안무가 등이 있다. 이외에도 다양한 직업이 있다. 대표적인 미래 직업은 게임기획자. 문화콘텐츠 전문가, 드론콘텐츠 전문가, 개인

141

미디어콘텐츠제작자, 게임방송프로듀서, 디지털큐레이터, 반려동물 훈련, 상담사, 해양레저 전문가, 여행기획자, 스포츠심리상담원 등이 있으며, 이외에도 많은 직업이 있다.

① **게임기획자**: 게임기획자는 컴퓨터, 모바일, 콘솔게임기, VR기기 등에서 이용할 수 있는 슈팅게임, 시뮬레이션 게임, RPG 게임, 스포츠 게임, FPS 게임 등 다양한 장르의 게임을 만든다. 게임을 개발하는 데 학력이나 전공의 제한은 없지만, 게임학과, 게임공학, 게임콘텐츠학과, 게임 모바일공학 등을 공부하면 좋다.

② **문화콘텐츠 전문가**: 문화콘텐츠 전문가는 다양한 문화를 콘텐츠로 만들어 사람들이 쉽게 이용할 수 있도록 한다. 문화콘텐츠학과, 디지털 문화콘텐츠학과 등을 전공하면 유리하다.

③ **드론콘텐츠 전문가**: 드론콘텐츠 전문가는 드론을 이용하여 다양한 콘텐츠를 만들어낸다. 드론학과 및 드론 관련 학과, 문화콘텐츠 관련 학과에서 공부해야 한다.

④ **개인미디어콘텐츠 전문가**: 개인미디어콘텐츠 제작자는 미

디어 플랫폼 서비스(유튜브, 트위치 TV, 아프리카 TV, 팟캐스트, 페이스북
등)에 영상과 오디오로 된 미디어 콘텐츠를 만들어 올린다. 영상
학과, 미디어학과, 문화콘텐츠학과, 방송학과, 미디어학과, 문화
콘텐츠학과, 문예창작과, 연극영화학과 등을 공부해야 한다.

⑤ **게임방송 프로듀서**: 게임 방송 프로듀서는 게임대회 방송
이나 게임 방송 프로그램을 기획하고 제작한다. 신문방송학, 방
송영상학, 미디어 학과, 문화콘텐츠학과 등을 전공하면 좋다.

⑥ **디지털큐레이터**: 큐레이터는 박물관, 미술관에서 자료 수
집, 관리, 전시 등을 담당하는 사람으로, 인터넷에서 정보를 선
택해 제공하는 사람이다. 디지털미디어학과, 문화콘텐츠학과 등
을 전공하면 좋다.

⑦ **반려동물 훈련 및 상담사**: 반려동물 훈련 및 상담사는 반려
동물이 보이는 문제 행동을 바로잡아 주는 프로그램을 만들어
실시하고 교육한다. 반려동물학과, 동물산업학과, 동물자원학과
등을 공부해야 한다.

⑧ **해양레저 전문가**: 해양레저 전문가는 해양 스포츠나 레저

활동을 일반 사람들이 쉽게 즐길 수 있도록 가르치고 새로운 레저 활동을 만든다. 해양레저학과, 해양스포츠학과, 체육학과 등을 전공하면 좋다.

⑨ **여행 기획자**: 여행 기획자는 국내여행이나 해외여행 상품을 기획하고 개발한다. 관광경영학과, 국제관광학과, 문화관광학과 등을 전공하면 좋다.

⑩ **스포츠심리상담원**: 스포츠심리상담원은 운동선수나 가족, 지도자에게 심리 상담과 교육을 한다. 상담심리학, 심리학, 사회복지학, 청소년학, 교육학, 체육학 등을 공부해야 한다.

건강 분야

건강 관련한 기존 직업에는 의무기록사, 병원코디네이터, 물리치료사, 방사선사, 응급구조사, 안경사, 언어치료사, 작업치료사, 음악치료사, 치과기공사, 한의사, 위생사 등이 있다. 대표적인 미래 직업은 의료기기개발전문가, 노인전문간호사, 헬스케어컨설턴트, 노년플래너, 원격진료코디네이터 등인데, 기존 직업과 미래 직업은 이외에도 많다.

① **의료기기개발 전문가**: 의료기기개발 전문가는 환자 모니터, 초음파기기, X-ray, 자기공명영상^{MRI} 등의 의료기기를 설계하고 개발한다. 의용공학, 의용생체공학, 의용전자공학, 전기전자공학, 정보통신공학 등을 공부해야 한다.

② **노인 전문 간호사**: 노인 전문 간호사는 노인들을 대상으로 건강과 질병 관리를 담당하며 이를 위한 교육 프로그램도 진행한다. 간호학을 전공해야 한다.

③ **헬스케어컨설턴트**: 헬스케어컨설턴트는 질병 예방 및 치료를 위한 상담을 실시하고, 개인이 건강 관리를 체계적으로 할 수 있도록 돕는다. 심리학, 생리학, 의학, 영양학 등을 전공하는 것이 좋다.

④ **노년플래너**: 노년플래너는 노인들이 건강하고 행복하게 남은 인생을 살아갈 수 있도록 중년 이후의 삶을 위한 계획을 세워준다. 사회복지학, 노인복지학, 상담심리학 등을 전공하면 좋다.

⑤ **원격진료코디네이터**: 원격진료코디네이터는 직접 병원에 가기 어려운 환자들을 정보통신 기술을 이용하여 의사와 연결해

주어 원격진료 서비스를 받을 수 있도록 도와준다. 간호학, 약학, 의학, 보건학 등을 전공하는 것이 좋다.

의식주 분야

의식주 관련 기존 직업에는 섬유공학기술자, 섬유제조원, 조리사 및 주방장, 소믈리에, 영양사, 푸드스타일리스트, 제과사 및 제빵사, 바리스타, 건축목공, GIS 전문가, 건축공학기술자, 건축감리기술자 등이 있다. 대표적인 미래 직업에는 스마트의류개발자, 스마트팜구축가, 정밀농업기술자, 곤충음식 개발자 및 조리사, 스마트도시 전문가, 도시재생 전문가 등이 있다. 이외에도 많은 직업이 있다.

① **스마트의류개발자**: 스마트의류개발자는 쾌적하고 안전하며 편리한 스마트 의류를 개발한다. 의류산업학, 전기전자공학, 의상학, 섬유공학 등을 전공하면 좋다.

② **스마트팜구축가**: 스마트팜구축가는 농업에 정보통신 기술을 접목하여 효율적으로 작물을 재배하거나 가축을 기르는 기술을 개발하고, 수집된 정보를 분석한다. 농업, 정보통신학 등을

전공하면 좋다.

③ **정밀농업기술자**: 정밀농업기술자는 작물이나 흙의 상태에 따라서 적합한 비료와 농약 등을 사용하여 환경을 보호하고 가장 효율적으로 농사짓는 기술을 개발한다. 농업, 정보통신, 농업생물학, 식물지원학, 바이오시스템공학 등을 공부해야 한다.

④ **곤충음식 개발자, 조리사**: 곤충음식 개발자는 곤충을 재료로 사람이 먹을 수 있는 식품을 연구하고 만드는 방법을 개발한다. 조리학, 곤충산업학, 식품조리학 등을 전공하면 좋다.

⑤ **스마트도시 전문가**: 스마트도시 전문가는 정보통신 기술을 이용하여 정보를 수집하고 자원을 효율적으로 관리하는 스마트도시를 계획한다. 도시공학 등 도시 관련 학과, 정보통신 등을 전공하면 좋다.

⑥ **도시재생 전문가**: 도시재생 전문가는 쇠퇴하거나 낙후된 도시를 되살리기 위해 도시재생 계획을 세운다. 도시를 되살리는 방법에 대하여 주민들의 의견을 조사하고 정리한다. 도시공학 등 도시 관련 학과, 건축학, 토목공학 등을 전공하면 좋다.

디자인 분야

디자인과 관련한 기존 직업에는 광고디자이너, 컬러리스트, 웹디자이너, 제품디자이너, 컴퓨터그래픽디자이너, 패션디자이너, 캐드원, 인테리어디자이너, 문화재보존원, 시각디자이너, 영화감독, 애니메이션기획자 등이다. 대표적인 미래 직업은 캐릭터 디자이너, UX디자인컨설턴트, 가상현실 전문가, 홀로그램 전문가, 3D 프린팅 전문가 등이며, 이외에도 많은 직업이 있다.

① **캐릭터 디자이너**: 캐릭터 디자이너는 기존의 인물이나 사물 등을 용도에 맞게 새로운 모습 또는 특성을 살려서 디자인한다. 미술, 디자인, 애니메이션 등을 전공하면 좋다.

② **UX디자인 컨설턴트**: UX$^{User experience}$(사용자 경험) 디자인 컨설턴트는 웹, 스마트폰, 태블릿PC에 담기는 각종 애플리케이션을 어떻게 하면 더 편리하게 사용할 수 있을지 문제점을 파악하고 해결책을 제시한다. 디자인, 심리학, 인문학, 컴퓨터공학, 사회학 등을 전공하면 좋다. 뚜렷하게 정해진 전공은 없다.

③ **가상현실 전문가**: 가상현실 전문가는 가상현실을 어떻게

구현할 것인지 기획하고 방향을 설정한다. 컴퓨터디자인, 게임 그래픽, 영상콘텐츠, 영상편집, 신문방송학, 문화콘텐츠학 등을 공부해야 한다.

④ **홀로그램 전문가**: 홀로그램 전문가는 기술 분야와 서비스 분야로 나눌 수 있는데, 기술 관련 전문가는 홀로그램을 데이터로 생성하고 처리하는 연구와 개발을 담당한다. 전기전자공학, 물리학, 컴퓨터공학, 디자인, 영상편집 등을 공부해야 한다.

⑤ **3D 프린팅 전문가**: 종이 위에 원하는 내용을 찍어 내는 기존의 인쇄 방식과 달리 소재를 쌓아 물체를 만드는 3D 프린터를 이용해 고객의 요구에 맞게 제품(미니어처, 액세서리, 일상용품, 개인 편의제품, 기계부품 등)을 만든다. 컴퓨터공학, 재료공학, 기계공학, 디자인학, 미술, 산업디자인 등을 공부해야 한다.

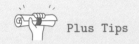

세상을 바꿀 10가지 직업군

인공지능을 포함한 첨단 기술이 혁명적 변화를 가져올 미래에는 어떤 직업군이 생겨나고, 어떤 직업들이 높은 경쟁력을 가질지에 대해 『다르게 배워야 다르게 성장한다』 책의 내용을 통해 살펴보고자 한다.

이 책의 저자인 조훈 교수는 자녀 교육에 관심이 많으며, 사교육과 공교육을 넘나든다. EBS 입시분석위원과 TBS 방송 프로그램인 「상담받고 대학가자」의 주 진행자이기도 하다.

이 책에서는 미래의 직업을 10가지 직업군으로 분류하고, 세상을 바꾸는 직업군이라고 명명했다. 작은 단위의 개별 일자리보다는 큰 부류의 직업군에 대해 이야기한다. 특정 직업을 목표로 진로 로드맵을 세우다 보면 자기모순에 빠질 수 있다. 이는 직업이 시대에 따라 변하므로 현재보다 미래의 트렌드에 맞추어 직업을 선택하는 것이 더 합리적이기 때문이다. 실제 사회에서는 개별 직업에 대한 경계가 애매할 때가 많고 시대가 바뀌면서 변하고 있다.

조훈 교수가 말하는 10가지 직업은 6가지 기술 분야와 인문학적 상상력을 기본으로 하는 창의 산업 등 크게 2가지다. 6가지 기술은 IT(정보통신), BT(생명공학), CT(문화공학), NT(소재공학), ET(환경공학), ST(우주항공공학)이다. 이들은 단독으로 작용하지 않고 서로 상호작용을 통해 융합 효과를 가져온다. 모든 직업은 이러한 융합적인 요소가 발현되면서 발전해 나간다.

대부분 미래의 유망직업을 말할 때 주로 이공계열 직업이 주를 이루었다. 하지만 이 책에서 말하는 직업군 분류는 이공계열뿐만 아니라 인문사회 계열의 직업군도 포함한다. 직업군은 새롭고 유망한 직업군만이 아니라, 기존에 있던 직업군도 매우 유용한 직업군이 많으며, 그 직업군도 세상을 바꿀 힘을 가지고 있다. 이 책에서 말하는 세상을 바꾸는 10가지 직업군은 아래 표와 같다.

구분	직업명	분야	키워드
1	빅데이터 큐레이터	IT(정보통신)	예측 기술, 상황 인식 기술, 빅데이터
2	네트워크 메신저	융합, 플랫폼	소셜미디어, 복잡계
3	대체에너지 전문가	ET (환경공학)	녹색 성장 분야
4	소재 이네이블러	NT(소재공학)	초경량 소재, 소재 산업(웨어러블)
5	DNA텔러	BT(생명공학)	생체인식, 줄기세포

6	스토리텔러	CT(문화공학: 인문학+기술)	해리포터, 창조경제
7	우주항공엔지니어	ST(우주항공공학)	우주, 항공, 천문
8	창조기업가	창업	기업가 정신, 창직
9	니즈디자이너	사회, 복지, 교육	노동 인력의 변화, 유연한 조직, 파트타임 근무, 맞춤형 컨설팅
10	디지털 판옵티콘	IT, 통신, 금융	클라우드, 블록체인

출처: 조훈, 『다르게 배워야 다르게 성장한다』

① 빅데이터 큐레이터

빅데이터 큐레이션은 빅데이터 구축, 분석, 활용까지 전 과정을 지휘하는 활동을 의미하며, 이를 주도하는 사람을 빅데이터 큐레이터라고 한다.

빅데이터 큐레이터의 역할은 5가지로 요약할 수 있다.

첫째, 데이터를 수합하고 분석하면서 기업의 미래를 예측한다.

둘째, 소비자의 일상생활에서 얻은 데이터를 갖고 소비자의 숨은 니즈를 알아내어 새로운 서비스나 상품을 개발한다.

셋째, 기업의 위험을 줄인다. 정성적 정보가 반영되면 기업의 리스크가 관리 가능한 범위로 들어올 수 있다.

넷째, 실시간 맞춤 서비스를 한다. 데이터를 근거로 해서 소비자가 원하는 것이나 소비가 일어날 시점을 파악해서 서비스가 가능하다.

다섯째, 실시간 대응이 가능하다. 소비자의 불만이나 판매 타이밍을 잡고, 할인 타이밍을 잡는 등의 일과 기업에 대한 불만의 목소리에 대한 실시간 대처가 가능하다.

② 네트워크 메신저(소셜미디어 관리 전문가)

다른 사람들과 쉽게 어울리지 못하는 약점을 개선하기 위해 등장한 SNS가 직업이 될 수 있다. 네트워크 메신저, 즉 소셜미디어 관리 전문가는 기업의 소셜미디어 계정을 기획, 운영하는 전반적인 일을 한다. 소셜 콘텐츠 기획 및 관리, 소셜 마케팅, 소셜 데이터 분석, 소셜 위기 관리 등의 업무뿐만 아니라 소셜미디어를 활용하는 모든 일을 한다. 마케팅 전략을 수립하고, 시장 조사를 하며, 경쟁사를 분석하고 홍보 활동을 기획하는 등의 중요한 역할을 맡는다. 또한 기업에 닥친 위기 상황을 관리하고, 위기 대응 전략을 세운다.

앞으로 소셜 네트워크 메신저의 역할이 확대될 것으로 보인다. 컴퓨터와 스마트폰 없이 하루를 살아가기 힘든 시대가 된 만큼, 소셜 네트워크 메신저 없이 기업이 생존하기는 힘들 것이다.

③ 대체에너지 전문가

대체에너지는 신에너지와 재생에너지로 기존의 화석연료를

대체하는 에너지를 총칭해서 부르는 개념이다. 신에너지 분야는 연료전지, 수소에너지, 석탄액화가스 등이 포함되며, 재생에너지는 태양광, 태양열, 바이오매스, 수력, 해양, 풍력, 지열, 폐기물에너지 등이 있다.

이 분야의 전문가에 대한 수요가 폭발적으로 증가하고 있다. 폐기물에너지화연구원, 바이오에너지연구원 등이 대표적이지만, 우리가 인식하지 못하는 대체에너지 전문가도 많다. 대학에서 생물학, 물리학, 지구과학, 화학 등 기초 학문을 공부한 후, 대학원에서 심화 학습을 통해 전문가가 될 수 있다.

④ 소재 이네이블러

소재 이네이블러Enabler는 소재 산업 전문가로, 나노 기술을 활용해 새로운 소재를 개발하거나 제조하는 사람이나 기업을 의미한다. 하나의 소재로 다양한 산업 분야 제품에 융복합적으로 활용할 수 있다. 소재와 나노 기술 융합을 통한 산업 효과는 창조산업 육성을 견인할 핵심 분야다. 소재 산업은 다품종 소량 생산의 대표적인 산업이기에, 대기업 중심이기보다는 중견기업이나 강소기업이 중심이 될 것이다.

소재 이네이블러가 되기 위해서는 화학, 화학공학, 재료공학, 광물학 등을 공부하고, 소재의 특성을 이해하며 나노 기술을 활용할 수 있어야 한다.

⑤ DNA텔러

DNA텔러는 개인의 유전자 정보를 분석해서 현재 앓고 있는 병뿐만 아니라 미래에 발생할지도 모르는 병과 치료법까지 알려 주는 사람이나 기업이다. 우리는 병을 미리 알기를 원하고 가능하면 정확히 알고 치료하기를 원한다. 우리나라에서도 유전 정보를 통해 병을 미리 진단해 주고 치료법을 알려 주는 기업이 등장했다.

앞으로는 태어날 때 갖고 있던 유전자를 바꿔서 새로운 사람으로 살아갈 수도 있다. 무궁무진한 잠재력이 있는 분야로 연구자가 되고자 한다면 생명과학이나 의학을 공부해야 한다.

⑥ 스토리텔러

스토리텔러는 이야기를 만들어내는 사람이다. 사실에 기반하든, 허구에 기반하든 그것은 중요하지 않다. 중요한 것은 많은 사람이 공감하고 관심을 가지고 구독할 수 있느냐는 점이다. 세계적으로 유명한 철학이나 심리학, 문학, 역사, 의학 등 모든 분야의 기록이 스토리다. 최근에는 시와 소설뿐만 아니라 유행가 가사, 영화, 개인 콘텐츠 크리에이터, 방송인, 가수, 만화가 등

많은 직업이 등장하고 있다.

나는 아이들에게 앞으로 2가지 직업을 꼭 가져야 한다고 말한다. 하나는 자기 전공에 관한 직업이고, 다른 하나는 작가다. 모든 사람은 작가의 기질을 지니고 있으며, 그 안에 드러나지 않은 스토리텔러의 자질이 있다. 다른 성적이나 분야 때문에 자신의 스토리텔러로서의 능력을 부정하지 않기를 바란다.

⑦ 우주항공엔지니어

지금은 우주항공 시대다. 우주를 여행하는 계획은 이미 실현 단계에 접어들었으며, 우주항공산업과 관련된 직업이나 사업은 지속적으로 성장할 것이다. 각국은 이에 막대한 투자를 하고 있으며, 우수한 인재 확보를 위해 치열한 경쟁을 벌이고 있다. 항공우주 분야는 우주선과 같은 기술적 분야에만 국한되지 않고, 수많은 연관 산업 효과를 일으킨다. 우주 모빌리티 시대가 도래하면 건설, 토목, 식품, 의료, 통신 등 지상에서의 비즈니스에 '우주'라는 단어만 덧붙이면 된다.

⑧ 창조기업가

창조기업가는 창업하는 사람이다. 스타트업으로 시작해 유니콘 기업이나 대기업으로 성장할 수 있다. 이러한 창업 기업 덕분에 우리는 많은 안락한 도구를 사용하여 편안한 삶을 누리고 있다. 스티브 잡스, 빌 게이츠, 마크 주커버그는 물론 우리가 알지 못하는 수많은 기업가들이 그 예이다.

이런 창조기업가는 자신의 아이템을 상업화하는 과정을 거친다. 어렵기는 해도 도전해 볼 만한 일이다. 주변 사람들이 필요로 하는 아이디어나 상품, 서비스가 있다면 바로 도전해 보는 것도 좋다. 생계형 창업이든 자발적 창업이든 준비가 필요하다. 그러나 창업하여 성공하면 월급받는 노동자보다 세상과 인생을 풍요롭게 누릴 수 있다. 아이디어는 얼마든지 있다.

⑨ 니즈 디자이너

사람들의 필요를 디자인해 주는 사람이나 기업을 니즈 디자이너라고 한다. 개인이나 소비자에게 맞춤 서비스를 하는 것이다. 가구매장 이케아IKEA가 전형적인 니즈 디자이너이다. 니즈 디자이너는 가구뿐 아니라 모든 영역에서 가능한 사업 영역이다. 집을 지을 때도 그렇고, 교육이나 운동 등에도 적용된다. 그러므로 전공이 무엇인지 어떤 능력을 가졌는가에 관계없이 다른 사람을 도울 수 있는 수준이 된다면 그 분야에서 충분히 니즈 디자이너가 될 수 있다.

니즈 디자이너가 되기 위해서는 자신의 전공 실력이 우수해야 한다. 소비자의 요구를 제대로 분석할 수 있어야 하고, 소비자에게 서비스를 제공하면서 소비자와 공감할 수 있어야 한다. 이런 니즈 디자이너의 미래는 밝다. 모든 개인은 각자의 요구를 가지며, 경제력이 상승함에 따라 소비는 점점 고급화될 것이다. 이에 따라 수요도 증가할 것이다. 다만, 니즈 디자이너의 분야는 구체적이어야 하며, 남들에게 그 가치를 인정받을 수 있어야 한다.

⑩ 디지털 판옵티콘

디지털 판옵티콘은 정보를 모으는 사람이나 기업을 의미하며, 정보와 관련된 모든 직업을 통칭한다. 위험이 따르더라도 기업은 대규모 정보를 모아야 하기에, 이러한 역할을 수행할 사람이 더욱 필요하다. 대규모로 정보를 모으는 기업을 클라우드 관련 기업이라고 한다. 정보보안, 가상화, 데이터베이스, 핀테크, 네트워크, 소프트웨어 관련 기업 등이 여기에 속한다.

또한 블록체인 기술의 발달로 이 분야는 더욱 발전할 것이다. 블록체인은 네트워크에 참여하는 사용자가 관리 대상이 되는 모든 데이터를 분산하여 저장하는 데이터 분산 처리 기술이다. 클라우드는 정보를 한곳에 모으는 기술이고, 블록체인은 정보를 나눠 보관하는 기술이다. 이러한 기술들은 새로운 직업을 창출할 것이며, 그 수요는 점차 증가할 것이다. 정보화 시대에 접어들면서 정보를 다루는 분야가 늘어나고 더욱 정교해질 것이기 때문에 관련 전문직들이 지속적으로 등장할 것이다.

클라우드 관련 분야 및 기업 현황(2020년 현재)

분야	대표기업	키워드
정보보안	Crowdstrike, Holdings, Palo Alto Netwotks, Zscaler	해킹
가상화	VMware	블록체인
데이터베이스	오라클, 알터릭스, Salesforce.com	빅데이터
핀테크	페이팔홀딩스, 스톤코	블록체인
네트워크	시스코시스템즈	클라우드
소프트웨어	어도비시스템즈, 마이크로소프트, 애플	SW, AI

출처 : 조훈, 『다르게 배워야 다르게 성장한다』

내 아이는 앞으로
뭐 해 먹고 살지?

J는 서울의 최상위권 대학에서 최고 인기 학과를 전공한 졸업반 학생이다. 그러나 취업이 잘되는 전공임에도 불구하고, 불확실한 현실에 대한 불안감을 떨치지 못하고 있다. 그는 "대학에 진학할 때와는 달리 이제는 생존의 벽이 눈앞에 느껴진다."라며 앞으로의 방향을 모색하고 있다.

먹고사는 문제는 누구에게나 닥치는 피할 수 없는 과제이며, 인생에서 벽처럼 느껴지기 쉽다. 이 고민은 우리 모두를 평생 따라다니는 문제다. 명문 대학을 졸업했든, 안정적인 직업을 가지고 있든, 생계를 유지하는 문제는 여전히 쉽지 않은 과제다. 특히 청소년과 청년들에게는 더욱 그럴 것이다.

우리 사회는 종종 대학을 졸업해야 원하는 직업을 가질 수 있다고 믿는 경향이 있다. 그러나 현실은 그렇지 않다. 오히려 대학 진학으로 많은 시간과 비용을 낭비하고, 더 어려운 길을 걷는 이들이 적지 않다. 실질적인 경력을 쌓지 못한 채, 시간만 흘려보낸 경우가 허다하다. 차라리 대학에 가지 않고, 사회 현장에서 실무 경험을 쌓아 자신의 진로를 개척했다면 더 나은 삶을 살지도 모른다. 시대의 변화, 직업 시장의 변동, 사회의 요구 그리고 개인의 선택에 따라 달라진다.

　손영배 박사는 저서 『이제는 대기업이 아니라 강소기업이다』에서 취업을 준비하는 청소년과 부모가 빠지기 쉬운 3가지 착각을 지적했다.

　첫 번째 착각은 '좋은 대학에 가면 뭔가 되겠지'라는 생각으로 무조건 대학입시에만 올인하는 것이다. 두 번째 착각은 '대학에 들어가 남들과 비슷한 스펙을 쌓으면, 어느 회사에서든 불러주겠지'라는 생각이다. 세 번째 착각은 '남들처럼 조건을 갖췄으니, 입사하면 다른 사람들처럼 잘할 수 있겠지'라는 믿음이다.

　좋은 대학을 졸업해도 원하는 일을 하기 위해서는 변화하는 노동시장을 준비해야 한다. 또한 남들과 비슷한 스펙을 쌓았더라도 자신만의 경쟁력을 갖춰야 한다. 마지막으로 남들과 같은 조건을 갖추었다 하더라도 성품, 태도, 습관, 의사소통 능력 등에 따라 성과와 평가가 달라진다. 회사는 학교가 아닌 생존을 위한 전투장이다.

현실은 청소년과 부모가 생각하는 것과는 다르다. 세상은 그들이 생각하는 대로 돌아가지 않는다. 세상은 각자가 자신의 이익을 추구하며 움직인다. 그럼에도 불구하고 현실을 직시하고 제대로 준비하기보다는, 시간과 비용을 낭비하는 경우가 많은 것 같다.

시대별
대표 직업

직업은 시대의 변화를 반영하면서 새로 생겨나고 사라지기를 반복한다. 시대별로 사회경제적 상황이나 정치 제도적 여건이 다르며 기술 수준도 다르다. 이러한 이유로 시대별로 당시의 상황과 여건을 반영하는 특정 직업이 있다. 우리나라의 경우 일본의 압제에서 벗어난 후로 시대 상황에 맞게 다양한 직업이 생겨났다.

시대 상황에 따라 인기가 있고 돈을 잘 버는 직업을 흔히 대표 직업이라고 하는데, 뭇사람의 부러움을 샀지만 지금은 사라진 직업도 있고, 아직 살아남은 직업도 있다. 그리고 시대가 변하면서 새로운 직업이 등장해 대표 직업으로 자리 잡기도 한다. 기업도 마찬가지다. 최근의 주요 기업들을 보면, 그 흥망성쇠의 주기가 생각보다 짧다. 사람의 수명보다 더 짧은 역사를 가진 기업들도 많다.

직업은 어린 시절부터 준비하여 얻기도 하지만, 어쩔 수 없는 상황에서 선택하게 되는 경우도 많다. 생존을 위해 선택한 결과다. 그 선택은 시대별로 다르게 변해 왔다. 한국직업능력원이 발표한 1950년대부터 현재까지의 대표 직업은 다음과 같다.

시대	대표 직업
1950년대	법관, 공무원, 기자, 군장교, 아나운서, 운전기사, 교사, 전차운전기사, 항공기 조종사, 승무원
1960년대	방송프로듀서, 영화배우, 성우, 가수, 의사, 교수, 법관, 공무원, 택시기사, 음악다방 DJ
1970년대	종합상사직원, 기계엔지니어, 화학엔지니어, 항공기 조종사, 항공기 승무원, 해외무역원, 건설기술자, 중장비 엔지니어, 은행원, 회계사무원
1980년대	증권금융인, 반도체엔지니어, 통역사, 외교관, 프로운동선수, 광고기획자, 방송프로듀서, 연예인, 대학 교수, 공무원
1990년대	펀드매니저, 외환딜러, 컴퓨터프로그래머, 데이터베이스 전문가, 벤처사업가, 전자상거래 전문가, 웹 디자이너, 카피라이터, 경영컨설턴트, 한의사
2000년대	빅데이터 전문가, 인공지능 전문가, 생명공학 전문가, 정보보안 전문가, 지능형 로봇개발자, 자율주행자동차개발자, 국제회의 전문가, 환경 전문가, 사물인터넷 전문가, 가상현실 전문가.

*출처: 「오늘의 청소년」 한상근, 2019년 하반기 호

1950년대: 식민지 시대를 벗어난 지 얼마 되지 않았고 전쟁을 겪은 매우 불안한 시기로 일자리의 안정성은 물론, 먹을 것도 부족한 시대였다. 이런 상황에서 사람들은 고정적인 수입이 보장되는 직업을 선호했으며, 주로 정부나 학교 등 공공 분야의 직업이 인기를 끌었다. 법관, 공무원, 군 장교, 학교 교사 등은 당시 대표적인 직업이었다.

1960년대: 방송프로듀서, 영화배우, 성우, 가수 등 방송과 영화 관련 직업들이 부상했다. KBS TV 방송국이 개국하면서 문화가 더욱 발달하기 시작했으며, 사람들의 관심이 쏠리면서 대표 직업이 되었다. 의사, 교수, 법관 등 전통적인 전문직은 안정성과 희소성으로 인해 계속해서 주목받는 직업들이었다.

1970년대: 중공업 산업화를 추진하던 시대로 제조업 분야의 엔지니어들이 주목받았다. 현대와 삼성 등 우리나라의 대표적인 대기업들이 사업을 확장하고 성장했다. 국가적으로 수출에 주력하던 시기여서 종합상사 직원, 해외 무역원 등이 대표적인 직업이 되었다. 중공업 산업화를 이끌던 기계엔지니어, 화학엔지니어, 중장비엔지니어 등이 인기 있는 직업이었다.

1980년대: 서울 올림픽을 개최하고 정치적 민주화가 이루어졌다. 이 당시 대외적으로 개방화가 진척되어 통역사, 외교관 같은 직업들이 주목받았다. 경제 상황도 좋아져서 주식시장이 일반인들의 관심거리가 되었다. 그리고 1980년대부터 컬러텔레비전 방송이 본격적으로 도입되면서 방송프로듀서, 연예인과 같은 직업이 두드러지게 나타났다.

1990년대: 인터넷이 대중화되던 시기로 컴퓨터프로그래머, 데이터베이스 전문가, 전자상거래 전문가, 웹 디자이너 등 컴퓨터 관련 직업이 주목받았다. 1990년대 말에 벤처 붐이 일어나면서 벤처사업가가 경제적으로 중요한 역할을 했으나, 외환위기를 겪으며 일자리의 안정성이 중요해졌다. 당시 안정적 일자리였던 한의사는 일반 직장인이 선망하는 직업이었다.

2000년대: 4차 산업혁명이 화두가 되면서 첨단 과학기술과 관련된 직업이 각광받았다. 빅데이터, 인공지능, 생명공학, 지능형 로봇, 자율주행 자동차, 사물인터넷, 가상현실 등은 시대를 대표하는 단어가 되었고 이러한 기술과 관련된 전문가들은 4차 산업혁명 시대의 주역으로 등장했다. 모든 것이 연결되고 디지털화가 심화하면서 정보보안의 중요성이 부각되고 정보보안 전문가의 역할도 커졌다.

출처: 「오늘의 청소년」 한상근, 2019년 하반기 호

시대마다 인기 있는 직업은 대개 취업이 잘되고, 인력 수요가 많으며, 고임금을 받을 수 있는 직종들이다. 그런 직업의 경우 흥미나 적성보다는 좋은 직장에 취업해 안정된 생활을 원해서 내린 선택일 때가 많다. 이런 경향은 지금도 크게 다르지 않다. 오랫동안 고등학생들의 희망 직업 순위에서 교사가 최상위권을 차지했던 것도 같은 맥락에서 이해할 수 있다. 그러나 최근 시대 상황이 바뀌면서 교사의 인기가 추락해 3D 업종처럼 되어가고 있다.

몇 년 전부터 불고 있는 의대 열풍은 1990년대 말 외환위기 IMF를 경험한 부모 세대가 직장을 잃어 본 경험에서 비롯된 안정된 직업에 대한 선호로 인해 생긴 변화다. 개인의 역량과 흥미, 그리고 발전 가능성보다 더 중요한 것이 직업적 안정성, 즉 정기적인 수입과 높은 연봉이 직업 선택의 기준이 된 것이다. 이미 인생을 살아본 사람이라면, 흥미와 적성보다는 생존이 더 중요하다는 것을 안다. 의사가 되기는 힘들어도 의사가 되면 안정된 고수익이 보장되므로 생계는 물론 경제적 자립을 넘어 부의 축적도 가능하다.

앞으로 인공지능의 발달로 사라지는 직업이 많아질 것이다. 인공지능은 패턴화된 작업이면서 돈이 모이는 곳이나 많은 자금이 투입되는 직종에서 먼저 도입될 것이다. 예를 들어, 단순히 부품을 조립하는 제조업에서는 로봇을 활용해 경비를 줄이고 업무 효율을 높이고 있다. 또한 많은 돈이 몰리는 의료 분야에서는 더 정확한 진단을 제공하고 인건비를 절감하기 위해 의사 대신 인공지능을 활용하고 있다. 단순 작업을 반복하거나 패턴화된 작업을 수행하며 수익이 보장되는 분야의 일은 인공지능이 점차 대체할 것이다.

창의적인 영역에서도 인공지능의 위협이 이어질 것이다. 생성형 인공지능은 인간의 능력을 순식간에 압도할 것이며, 이는 일자리의 대부분을 인공지능이 차지하여 사람들은 일자리 없이 생활할 가능성도 배제할 수 없다.

인공지능의 발달과 자율주행 자동차의 발달 등은 사람의 일자리를 빼앗겠지만, 새로운 일자리를 창출하기도 한다. 세계적으로 인공지능 인재와 에너지 관련 직업이 증가하고 있으며, 이는 당분간 대표적인 직업군이 될 가능성이 크다. 또한 인간의 수명 연장과 관련된 분야에서도 새로운 직업들이 등장할 것이다.

대표 직업이
바뀌는 이유

대표 직업은 그 시대에 인기가 많고 보수가 좋은 직업을 말한다. 사회적으로 요구되는 제품이나 서비스로 해당 분야에 많은 인재가 필요하기에 블루오션으로 여겨지기도 한다. 이러한 직업은 사회의 수요가 늘어나면서 취업률도 올라가고, 관련 학과가 인기 학과로 자리 잡기도 한다. 하지만 주의할 점도 있다. 아무리 기회가 많은 블루오션이라고 하더라도 개인이 얼마나 잘 준비했느냐에 따라 그 기회가 레드오션으로 변할 수도 있기 때문이다. 충분히 준비된 사람은 대표 직업에서 혜택을 누릴 수 있지만, 준비가 부족하다면 바로 기회를 잡기 어렵다.

반면, 레드오션에서 사양산업이라 해도 개인의 능력에 따라 블루오션이 될 수도 있다. 인기가 없고 경쟁이 치열한 산업일지라도, 인간의 삶에 필수적인 분야일 경우 완전히 사라지지 않는 수요가 존재한다. 경쟁이 줄어들고, 해당 분야에서 실력을 갖춘 사람이 더욱 필요해지기 때문이다. 물론 레드오션 분야에서 성공하려면 더 철저한 준비와 틈새시장을 공략하는 전략이 필요하다.

전망이 좋은 분야라 해도 개인의 준비가 부족하면 좋은 직업을 구하기 어려울 수 있다. 기업이 요구하는 수준에 미치지 못하면, 그 직장에 취업하더라도 짧은 경력으로 끝나거나 만족스럽지 않은 일을 하게 될 수 있다.

'사람은 많은데 쓸 사람이 없다'라고 하소연하는 어느 기업가의 말은 전공자는 많은데 실력을 갖추어 제대로 일을 할 수 있는 전공자는 많지 않다는 뜻으로 들렸다. 반대로 사양산업이라 평가받는 분야라도, 실력을 입증할 수 있다면 성공할 수 있다. 예를 들어 식당 업계는 경쟁이 치열하지만, 독특한 대표 메뉴와 차별화된 맛으로 사람들의 입맛을 사로잡으면 돈을 벌 수 있다.

한 인쇄업자는 인쇄업이 사양산업이라며 젊은이들이 관심을 두지 않는다고 한탄했다. 하지만 그는 인쇄 수요는 여전히 존재하며, 모든 공정이 컴퓨터화되어 있어 실력을 갖추면 경쟁이 적은 상태에서 고수익을 올릴 수 있다고 말했다. 또한 사람들이 관심을 갖지 않기에 독점적으로 사업을 할 수 있다는 것이다. 즉, 블루오션이든 레드오션이든 중요한 점은 실력을 제대로 키우는 것이다.

시대별 대표 직업이란 그 시대의 안정성, 수입, 사회적 인정 등 여러 요인을 만족시키기에, 우수한 학생들이 몰린다. 이러한 직업에 종사하려면 실력을 갖추고 시대의 흐름을 읽어야 한다. 사회와 기업이 요구하는 수준을 만족시키는 능력이 있어야 하며, 자기 생각만으로는 불가능하다. 철저한 준비와 실력을 바탕으로 미래를 대비해야 한다. 경제학과 투자를 배우는 것도 필수가 될 것이다.

대졸 백수
400만 시대

대졸 백수를 '전업 자녀'라고 부르는 사람도 있다. 대학을 졸업했지만, 직업을 갖지 않고 부모에게 의존해 생활하는 사람들을 말한다. 2024년 7월 21일 통계청 국가통계 포털에 따르면, 2024년 상반기 월평균 대졸 이상(전문대 포함) 학력을 가진 비경제활동인구는 405만 8천 명이다. 이는 작년보다 7만 2천 명이 늘어난 수치로, 역대 최대 규모다. 비경제활동인구는 만 15세 이상 중 취업자도, 실업자도 아닌 사람들로, 일을 할 의사나 능력이 없어 그냥 쉬는 사람들을 말한다. 이 통계에는 실업자는 포함되지 않는다. 실업자는 일자리를 찾고 있는 사람을 의미하지만, 비경제활동인구는 직업을 찾을 노력조차 하지 않는 인구를 의미한다. 그중 대졸자가 400만 명을 넘는다는 사실이 특히 눈에 띈다. 코로나19가 한창이던 2021년에도 404만 8천 명이었는데, 그보다 더 늘어난 것이다.

전체 인구 중에서는 경제활동을 하려는 사람이 증가하고 있다. 특히 장노년층에서는 경제활동에 대한 의지가 높아지고 있다. 반면, 대졸자 비경제활동인구는 계속 증가하고 있다. 비경제활동인구 중 대졸자가 25.1%를 차지한다. 2023년 기준 우리나라 성인의 약 54.5%가 대학을 졸업했으니 이는 고학력 청년층의 노동 의욕 저하를 보여 준다.

대졸자들이 일자리를 찾는 과정에서 단순 노무직이나 임시직에 취업했다가 일자리를 잃으면 노동시장에서 물러나는 경향이 강해졌다. 반면, 기술이나 전문성을 가진 사람들은 실직해도 빠르게 구직 활동을 시작한다. 이는 대학에서 기술이나 전문성을 갖추는 것이 중요하다는 사실을 시사한다.

2024년 5월 기준, 첫 직장을 계약기간 1년 이하의 단기 계약직으로 시작하는 비율이 31.4%로 처음으로 30%를 넘어섰다. 고학력자가 늘어나고 있음에도 불구하고, 불안정한 일자리로 사회생활을 시작하는 비율이 늘고 있다. 그들의 계약이 만료되면 비경제활동인구에 속하는 사람들이 증가하고, 졸업 후 첫 직장을 찾는 시간이 길어질수록 질 좋은 일자리를 구할 확률도 떨어진다는 분석이 있다. 이는 고학력 청년들이 늘어날수록 노동시장과의 불일치가 커지면서, 청년층의 노동 의욕이 떨어진다는 것을 보여 준다.

너무 많은 대학이 사회가 요구하는 인재를 제대로 배출하지 못하고 있는 것은 아닌지 되돌아볼 필요가 있다. 더불어 '대학 교육이 졸업 후 생존을 위한 실질적인 능력을 어떻게 길러 줄 수 있을까?'에 대해서도 진지하게 고민해 봐야 한다.

대학 졸업자의 수는 증가했지만, 많은 경우 대학에서 충분한 능력을 갖추지 못한 채 4년을 보내기도 한다. 그 결과, 본인의 생각과는 다르게, 실제 기업에서 인정받기에는 부족한 역량을 갖고 졸업하는 것이다. 대학이 개인의 역량을 키워주는 게 아니라 스스로 역량을 키워야 하는데도 말이다.

이런 상황에서 이들을 적절히 대우하며 고용할 고용주가 과연 있을까? 가능성은 크지 않다. 만약 대학에서의 학업 능력이 부족하다면, 무리하게 4년제 대학에 진학하는 것보다 직업 교육을 통해 실질적인 기술을 습득하는 쪽으로 방향을 전환하는 것이 더 나은 선택일 수 있다.

자본주의 사회에서 학벌은 중요하지만, 학벌보다 중요한 것은 '생존 능력'이다. 인생이 어렵다는 것은 대개 경제적인 문제에 봉착했을 때를 의미한다. 반면, 인생이 잘 풀린다는 것은 경제적으로 안정된 상태를 뜻한다. 경제적 안정은 인생에서 가장 중요한 과제의 하나인 만큼 생존 능력을 키우는 것이 무엇보다 중요하다. 경제적 안정은 젊어서부터 필요하다. 경제적으로 안정되면 학벌을 높일 기회는 얼마든지 생긴다.

생계비가 걱정인
MZ세대

MZ세대의 최대 관심사는 무엇일까? 2024년 5월에 우리나라 딜로이트 그룹이 공개한 「딜로이트 2024 글로벌 MZ세대 서베이」에 따르면, 국내 MZ세대가 가진 삶의 최대 관심사는 '생계비'인 것으로 나타났다. 2023년 11월 24일부터 2024년 3월 11일까지 조사하고 밀레니얼세대 200명과 Z세대 300명을 심층 인터뷰해서 나온 결론이다. 밀레니얼세대 40%, Z세대 45%가 생계비가 가장 큰 관심사라고 대답했다. 이는 2023년도 자료와 비교해서 밀레니얼세대는 10%(2023년 35%), Z세대에서는 3%(2023년 42%)가 증가한 결과다. 그만큼 경제 사정이 좋지 않다고 인식하는 것이다.

2024년 전 세계 44개국에서 2만 2,800명가량을 조사한 글로벌 MZ세대 조사 결과에서도 '생계비'가 1위의 관심사로 나타났다. 국내 Z세대의 관심사 2위는 23%의 응답을 나타낸 '실업'이었다. 밀레니얼세대의 2위 관심사는 '기후변화'였다.

향후 1년간 자신의 재정 상태가 현재보다 더 좋아질 것이라는 응답은 우리나라 밀레니얼세대 18%, Z세대 34%로 낮은 수준을 보였으며, 이는 글로벌 MZ세대의 응답 비율(밀레니얼세대 40%, Z세대 48%)과 비교했을 때 매우 낮았다. 그만큼 우리나라 젊은이들이 미래를 불확실하게 보고 있음을 시사한다.

정신건강 측면에서도 부정적인 응답이 많았다. 정신건강이 좋다고 응답한 우리나라 MZ세대는 밀레니얼세대 29%, Z세대 32%였다. 글로벌 밀레니얼세대의 56%, Z세대 51%에 비하면 매우 낮다. 우리나라 MZ세대의 건강에 가장 큰 영향을 미치는 요인으로 자신의 '장기적 재정상태'(Z세대 45%, 밀레니얼세대 45%)와 '매일의 재정상태'(Z세대 39%, 밀레니얼세대 45%), 직장(Z세대 32%, 밀레니얼세대 32%)이었다. '개인의 재정상태'가 정신건강에 가장 큰 영향을 미치고 있는 것으로 보인다.

이런 사실은 무조건 대학에 진학해야 한다는 진로 결정의 흐름이 변화해야 함을 시사한다. 대학 진학도 좋지만 생계를 유지할 능력을 키우는 데 먼저 초점을 맞춰 진로 지도를 해 보자.

변화하는 직업 환경 속에서 개인이 자신의 삶을 주도적으로 찾아갈 수 있도록 도와야 한다.

오픈AI의 챗GPT와 구글의 제미나이 같은 생성형 인공지능 시대가 열리면서, 우리나라 Z세대 34%, 밀레니얼세대 36%는 이러한 변화를 '놀랍다'고 느끼고 있다. 그런데 글로벌 MZ세대에 비해 우리나라 MZ 세대는 생성형 인공지능 시대에 대한 대응이 상대적으로 미온적이다. 글로벌 Z세대의 17%와 밀레니얼세대의 16%가 자기계발의 일환으로 생성형 인공지능 교육과 역량 강화를 이미 시작했다고 답변한 반면, 우리나라 MZ 세대에서는 단 4%만이 이에 동참하고 있다고 한다. 또한 글로벌 Z세대 38%, 밀레니얼세대 36%는 1년 내 인공지능 관련 교육을 계획하고 있지만, 우리나라 MZ세대는 26%에 불과했고, 우리나라 밀레니얼세대 중 36%는 아예 계획이 없다고 응답했다. 특히 우리나라 Z세대의 45%와 밀레니얼세대의 34%는 '잘 모르겠다'고 답변했는데, 이는 인공지능 기술에 대한 대비가 부족함을 나타낸다.

이러한 상황은 미래 변화에 대한 대응책이 부족하고, 교육 시스템이 이와 같은 중요성을 충분히 강조하지 못한 결과일 수 있다. 이는 우리나라 청년들의 삶의 질에 부정적인 영향을 미칠 가능성이 있어 우려스럽다.

MZ세대의 주된 고민은 '생계비' 문제다. 하지만 생계를 유지할 직업을 찾는 경로는 매우 제한적인 것 같다. 대부분 대학 졸업 후, 좋은 직업이나 직장만 찾으려 한다. 사실 많은 중요한 직업들이 선택지에서 제외되는 경우가 많다. 이는 학교 교육에서 이러한 직업에 대해 충분히 다루지 않기 때문이다. 실제로 사람들의 삶에 필수적인 직업들에 대한 정보와 기회를 보다 폭넓게 제공할 필요가 있다.

우리는 흔히 자기 흥미와 적성에 맞는 직업을 찾으라고 배운다. 그 말은 일리가 있지만, 현실에서 그러한 직업을 찾는 일은 쉽지 않다. 그래서 나는 먼저 자신의 능력을 되돌아보고, 현실적인 눈높이를 조정하는 것이 중요하다고 말하고 싶다. 생계를 유지할 수 없다면 꿈도 적성도 의미를 잃어버린다.

지방에 거주하는 부모, 교사, 학생들은 서울 소재 대학을 나오면 취업에 유리할 것이라고 믿는다. 일부는 맞지만 때로 독이 될 수도 있다. 오히려 지방에서 취업이 잘되는 대학을 선택했다면 시간과 비용을 절약할 수 있었을 것이다. 물론 서울에서 성공하기도 하지만, 경제적 뒷받침이 부족해 어려움을 겪는 사례도 심심찮게 봐 왔다. 그들이 지방대학에서 장학금을 받으며 졸업했다면, 더 나은 20대 문화와 대학 생활을 즐기고 다양한 진로 선택의 기회를 얻을 수도 있었을 것이다.

결국 생존과 현실적인 선택이 중요한 시대에서 흥미와 적성도 중요하지만, 자신의 역량을 바탕으로 한 현명한 선택이 더욱 중요한 시점이다.

빚만 남기는
대학 졸업장

2023년 8월의 한 방송사 뉴스에 「'8천 원에 우는 20대'… "다 갚으면 서른" 절박」이라는 짤막한 뉴스가 떴다. 20대 A 씨의 사례로 나온 뉴스였다. 주거비를 위해서 빌렸던 돈은 캐피털 등의 금융권이었고, 직업이 없는 상태에서 주거비와 생활비를 대출로 지탱한 것이다. 수입도 없이 생활비를 대출로 지탱하다 보니, A 씨와 같은 20대의 대출 상환 연체율은 24.5%로 매우 높다고 한다. 4명 중 1명이 8천 원 정도의 이자도 제때 내지 못하고 있다는 것이다. 기자는 '20대는 직업과 소득이 불안정하기에 이런 사태가 벌어진 것'이라 했다. 또한 코로나 이후로 집값이 상승하면서 부동산이나 주식, 코인 등에 무리하게 빚을 내서 투자한 것도 한 원인이라고 했다.

이런 현상은 가정의 경제적인 여건과 학업 능력을 제대로 파악하지 못하고 무리하게 대학에 진학한 결과는 아닐까? 대학 진학을 당연하게 여기는 사회 분위기가 있지만, 대학 졸업생을 수용할 만큼 사회에 일자리가 충분하지 않다는 것을 인식하게 하는 사회 분위기는 없는 것 같다.

조금 더 되돌아보고 한 걸음을 늦추는 전략을 세웠다면 어땠을까? 직업 교육에 중점을 두었다면 젊었을 때의 빚은 좀 더 줄어들었을 것이다. 현재 20대는 경제적 여유가 없어서, 혹은 조금 더 좋은 일자리를 찾고자 하면서 생활비뿐만 아니라 학자금도 빚을 내는 이들이 많다. 이상과 현실의 차이이자 선택의 차이다.

2024년 5월 서울복지재단이 발표한 자료에 따르면, 2023년에 개인회생을 신청한 만 29세 이하 청년 중 약 1,500명의 평균 채무액은 7,159만 원이었다. 이 가운데 3천만~6천만 원 미만의 채무를 진 비율이 39%로 가장 높았다. 이들이 처음에 빚을 진 이유는, 생활비와 주거비를 마련하기 위함이 77%(생활비 59%, 주거비 18%)였다. 이는 2022년에 빚을 지게 된 주거비와 생활비 48%(생활비 42%, 주거비 6%)보다 크게 증가한 수치다. 빚을 갚기 위해 다른 빚을 얻는 바람에 빚을 갚을 수 없는 상태가 된 경우도 32%나 되었다. 한편 최대 100만 원 한도의 소액 생계비 대출을 이용하는 20대의 경우, 5명 중 1명(21%)은 몇천 원의 이자조차 감당하기 어려워 연체하는 것으로 알려졌다. 왜 이토록 힘들게 살아가는 청년이 많을까?

사회의 현실적인 일자리와 우리나라 산업 구조를 도외시한 채, 흥미와 적성에 맞는 직업을 찾으라는 잘못된 진로 지도가 원인일 수 있다. 또한 직업의 개념을 대기업이나 공무원, 교사 등의 외형적으로 번듯한 직업에 한정하여 가르치는 경향이 있을 수 있다. 직업은 '생계'를 유지하는 수단으로 어떤 형태든(단, 다른 사람을 괴롭히거나 강제하여 돈을 갈취하는 등의 사악한 직업은 제외) 직업으로서의 가치가 있다는 것을 제대로 가르쳐야 한다.

어느 TV 프로그램에서 30대 중반의 한 대기업 사원은 이제야 학자금을 다 갚고 자신을 위해 돈을 모으고 쓸 수 있게 되었다고 한다. 그는 대학을 졸업한 후 직장을 잡고 거의 7~8년간 힘들게 학자금 융자를 갚았다. 대학 학자금 융자가 청년들의 삶을 빚으로 빠지게 하는 또 하나의 원인이 되는 것 같다.

요즘 대기업에 입사하는 나이는 평균 31세이고, 퇴직하는 나이는 평균 49세라고 한다. 100세를 넘게 사는 인생에서 18년을 일하기 위해 그 많은 돈과 시간을 투자하는 것이다. 한창 자녀를 키우고 일을 해야 할 나이에 퇴직하는 것이니, 그 이후의 삶을 어떻게 꾸려 나갈 것인가도 고민하며 진로를 준비해야 한다.

20대들은 일하고 싶고, 돈 걱정 없이 살고 싶다. 그러나 취업의 어려움으로 생활비를 부모나 대출에 의지하는 사례가 많다. 학생들은 더 나은 삶, 경제적으로 더 여유가 있는 직업을 갖기를 바라면서 대학에 진학한다. 이들은 전문대학보다 취업의 질이 더 나을 것 같은 일반대학을 많이 선택하지만 졸업을 해도 취업이 어려운 현실에 직면한다. 공부의 배신이다.

공부의
배신

한국경제인연합회에서는 매년 대학생 취업 인식도를 조사한
다. 2023년 11월 22일에 발표한 2023년 대학생 취업 인식도
조사 보도자료에 따르면, 취업에 대한 대학생들의 심각한 태도
를 엿볼 수 있다.

대학 4학년이거나 대학 4학년 졸업 예정이거나 대학을 졸업
한 대학생 10명 중 6명(57.6%)은 구직활동에 매우 소극적인 것
으로 나타났다. 이는 2022년(65.8%)보다는 낮지만 매우 높은 비
율이다. 소극적 구직에는 의례적 구직활동이 28.2%, 구직활
동을 거의 안 하는 경우가 22.7%, 구직활동을 쉬고 있는 경우
가 6.7%로 나타났다. 실제로 적극적으로 구직활동을 하는 비율
은 21.1%였으며, 자신의 전공과 다른 진로를 준비하는 경우는
19.8%로 나타났다.

대학에서 자기 전공을 공부했는데, 왜 이렇게 적극적 구직활
동이 적을까? 한국경제인연합회에서 제시한 답변 6가지 중에 복
수로 응답한 비율을 보면 다음과 같다.

① 적합한 임금수준이나 근로조건을 갖춘 일자리가 없거나 부족해서	7.9%
② 전공 분야 또는 관심 분야의 일자리가 없거나 부족해서	16.9%
③ 구직활동을 해도 일자리를 구하지 못할 것 같아서	13.6%
④ 자신의 역량, 기술, 지식 등이 부족해 더 준비하기 위해	**48.5%**
⑤ 오랜 구직활동에 지쳐 잠시 쉬어가기 위해	2.7%
⑥ 기타( )	10.4%

가장 큰 이유는 자신의 역량, 기술, 지식 등이 부족해서 더 준비하기 위해서라고 한다. 대학에서 4년간 전공 공부를 했지만 부족하다고 스스로 느끼는 것이다. 그렇다 하더라도 절반 가까이 되는 대학 졸업자가 자신의 역량이나 기술이 부족하다고 느끼는 것은 의아하다.

그렇다면 대학 4년 동안 학생들이 잘못 배웠거나 대학의 교육 과정이 잘못된 것일까? 아니면, 그런 능력이 안 되는데 그냥 대학에 가면 기업에서 데려갈 것이라고 막연한 희망으로 대학에 진학한 것일까? 많은 돈과 시간을 들여서 배웠건만, 정작 일자리를 구하는 데 부족한 상황이 된다는 것은 개선할 점이 많다는 것이다.

2016년 5월, EBS 방송국에서 방영한 다큐멘터리 「공부의 배신」 3부 '꿈의 자격'에서 이 사실을 적나라하게 보여 주었다. 다큐멘터리에는 여러 명문대 학생이 인터뷰어로 출연했다. 그들은 한결같이 취업에 어려움을 겪고 있었다.

M은 대구에서 홀어머니를 모시고 동생과 함께 살고 있다. 그는 국문학자가 되기 위한 꿈을 안고 서울의 상위권 사립 S대학 국문학과에 진학했다. 그러나 막상 진학하고 나니, 공부는 커녕 하루하루의 생활비가 문제였다. 휴학 후 여러 가지 아르바이트를 하며 돈을 벌어 겨우 생활을 이어나갔다. 창문도 없는 고시원에서의 생활, 하루 1만 원으로 버티는 삶은 20대 초반에 하고 싶은 많은 것들을 포기하게 만들었다. 친구도 만나지 않고 먹고 싶은 것도 포기했다. 20대에 즐길 문화생활을 경제적인 이유로 포기하고 은둔의 삶을 선택할 수밖에 없는 삶이었다. 그녀는 이렇게 말했다.

"하루하루 견디면 미래가 좋아질 것이라는 확신이 있다면 좋겠지만, 그럴 기미가 전혀 보이지 않는다는 거죠. 내가 원하는 공부만 할 수 있으면 무슨 일이든지 다 할 수 있을 것 같았는데, 현실로 부딪히고 보니 공부가 문제가 아니라 하루하루를 연명하는 게 가장 어려운 거죠."

그녀의 어머니는 딸이 대구에 있는 교대에 진학하기를 원했다. 장학금으로 공부할 수 있었기 때문이다. 하지만 그녀는 좋은 대학에 가서 열심히 공부하여 학자가 되고 싶다며 어머니의 권유를 뒤로하고 서울의 사립대학에 진학했지만 현실은 너무 달랐다.

그녀는 과연 국문학을 공부하여 학자가 될 수 있을까? 대학에 진학하는 순간, 그녀의 꿈은 '희망'이란 단어조차 꺼내기 힘들어졌다. '생계'를 유지할 수 있는 상황이 안 되기 때문이다. 꿈을 위해서 서울에 왔지만, 서울에 왔기에 더욱 공부를 못 하게 된 아이러니가 발생한 것이다.

내가 그 학생의 담임이었다면, 그녀에게 대구의 국립대학교 사범대학 국어교육과에 진학하라고 조언했을 것이다. 국어 교사 자격증을 취득하고 졸업 후 교사로 경제적인 빈곤도 겪지 않아도 됐을 것이다. 또한 나중에라도 교사로서 경제적인 뒷받침이 되면 자신이 원하는 공부도 충분히 할 수 있었을 것이다. 하고 싶은 것을 포기하는 삶이 아니라, 20대의 문화를 즐기면서 미래의 삶을 꿈꾸었을 것이다.

그녀는 현재 하루하루를 살기 위해서 휴학하고 돈을 버느라 사회에 진출하는 시기도 늦어지고 있다. 여러 기회를 놓치고 있는 셈이다. 공부의 배신이다. 또 다른 학생 D는 학교 이름만 들어도 모두가 부러워하는 서울의 최고 명문대학에 다니고 있다. 그러나 그도 취업 문제로 힘들어하며 이렇게 한탄했다.

"이제, 더 이상 꿈이 아닌 현실을 봐야 하는 것은 아닌지…."

앞서 언급한 통계와 현상들은 학생들의 진로와 진학 문제에 대해 다시 한번 깊이 생각하게 만든다. 단순히 대학의 이름만 보고 진학 결정을 내리는 것이 옳은가? 현실적인 상황을 면밀히 돌아보고 신중하게 선택해야 한다. 개인의 욕망도 중요하지만, 그 욕망을 실현하기 위한 지원이 지속 가능한지도 중요한 고려 사항이다.

졸업 후 사회에 성공적으로 진출할 수 있도록 준비하는 진로 진학 지도가 필요하다. 좋은 대학에 진학한다고 해서 반드시 좋은 직장과 높은 수입을 보장받는다는 착각을 심어줘서는 안 된다. 부모의 경제적 여건도 충분히 고려해야 한다. 그렇지 않으면 자녀와 부모 모두가 경제적으로 어려움을 겪을 수 있다.

인공지능 기술이 발달하고 산업 구조가 변하며, 청년들의 취업 성향과 일에 대한 의욕이 바뀌고, 인구는 절반으로 줄고 있다. 이런 변화에서 무엇을 해야 제대로 먹고살 수 있으며, 빈곤하지 않게 경제적으로 자립할 수 있을까? 남들보다 더 취업이 잘 되는 직업은 무엇일까?

부모는
현명해져야 한다

2022년 여름, 고3 학생의 어머니가 진학 문제로 상담을 요청했다. 자녀가 특성화고에 재학 중인데 전문대학이라도 갔으면 좋겠다는 바람을 가지고 있었다. 어머니는 자녀가 성적이 좋지 않은데 그 성적으로 전문대학은 갈 수 있을지를 물었다. 나는 거주지 근처의 전문대학을 추천해 주었고, 전문대학은 지원 횟수에 제한이 없으니 수시 1차와 2차에 모두 지원해 보라고 조언했다. 그런데 갑자기 어머니는 4년제 대학의 사회복지학과나 유아교육과를 가는 것은 어떠냐고 물었다. 그 질문에 나는 찬성하지 않았다. 현재 자녀의 상황을 보았을 때, 4년제 대학에 오래 다니는 것보다 사회에 빨리 나가 자립하는 것이 더 나은 선택이라고 판단했다. 왜냐하면 경제 형편이 좋지 않아 국가의 지원을 받고 있었기 때문이다.

이 상황에서 굳이 4년제 대학을 보내는 것이 옳을까? 빠르게 졸업하고 경제활동을 시작하는 것이 더 현명한 선택일 수 있다. 사회복지사 자격증은 여러 경로를 통해 취득할 수 있으며 공부에 흥미가 없는 아이가 4년 동안 대학에서 학업을 제대로 이어갈 수 있을지도 의문이다. 또한 지금 공부 습관이 잡히지 않은 아이가 대학에 간다고 해서 갑자기 달라질 리도 없다. 오히려 짧은 기간 안에 자격증을 취득하거나 현장 전문가로서 경험을 쌓는 길이 더 현명한 선택일 수 있다. 공부에 흥미가 없는 사람도 현장에서는 두각을 나타낼 수 있기 때문이다.

마음이 착잡했다. 경제적으로 어려운 상황에서 어머니가 4년제 대학에 집착하는 모습을 보니 이 시대를 살아가고 있음에도 자녀의 미래를 너무 안일하게 바라보는 많은 부모의 욕심으로 느껴졌기 때문이다. 자녀가 대학 공부를 할 준비가 되지 않았음에도 불구하고, 부모는 4년제 대학 진학만을 바라고 있는 것이다. 그러나 자녀의 미래는 부모의 희망이나 자녀의 희망만으로 결정되는 것이 아니다. 사회와 기업이 필요로 하는 인재가 되어야 하고, 사회가 자녀의 능력을 인정할 때에야 가능하다. 자본주의 사회에서 승자는 자신이 삶을 주도적으로 이끌어갈 수 있는 사람이다. 대학 졸업장보다 중요한 것이 사회에서 인정받는 능력이다.

자기 생존과 이익을 추구하는 사람들이 모여 각축을 벌이는 세상에서 자녀에게 필요한 능력은 무엇일까? 생존 능력을 어떻게 키워 줄 것인가? 부모는 현명해야 한다.

내 아이의
진로를
어떻게 찾아야 할까?

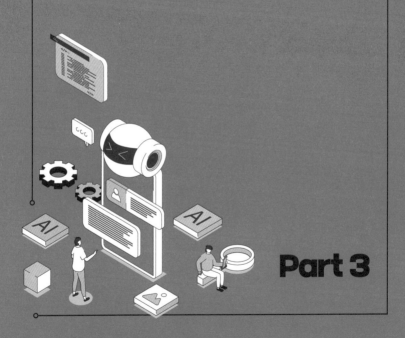

Part 3

빨리 진로를
정하라고요?

진로는 생존과 동의어일 만큼 중요한 문제이기에, 그 결정을 내리는 일은 누구에게나 어렵다. 상황에 따라 달라지기 때문이다. 그렇기에 너무 서두를 필요는 없다. 최선을 다하다 보면 예상치 못한 기회가 자연스럽게 찾아오기 마련이다.

나는 진로 고민으로 상담하러 온 청소년들에게 "억지로 진로 결정을 서두르지 마라."고 말하곤 한다. 물론 진로를 일찍 결정하면 그 방향으로 집중할 수 있는 장점도 있다. 하지만 개인의 진로는 상황이나 사람에 따라 크게 달라질 수 있으며, 의도와는 다르게 우연의 영향을 받을 때가 많다. 일부 사람들은 학생부종합전형으로 원하는 대학에 가기 위해 진로를 빨리 결정해야 한다고 말하지만, 이 말은 반은 맞고 반은 틀리다.

2024년 들어 정부는 대학에 '자율전공(무전공) 선발'을 권장하고 있으며, 신입생 선발 인원의 25% 정도를 무전공으로 채우려는 움직임이 있다. 이는 진로를 결정하지 않은 학생들도 실력만 있으면 선발할 수 있다는 뜻이다. 또한 많은 대학이 입학 설명회에서 제2, 제3의 전공을 선택할 수 있음을 강조하고 있다. 일부 대학은 낮은 성적으로도 입학한 후 전과할 기회를 주겠다고 말한다. 이는 고등학교 시절에 억지로 진로를 서두를 필요가 없다는 것을 보여 준다.

청소년 시기에 진로를 결정하는 것도 중요하지만 기본적인 지식과 역량을 쌓고 다양한 경험을 하는 데 더 많은 에너지를 집중하는 것이 중요하다. 그 과정에서 자연스럽게 진로를 찾고 결정할 수 있다. 억지로 진로 결정을 내리기 위해 무리할 필요가 없다.

진로 결정, 서두르지 말고 차분하게

2017년 3월 15일 중앙대는 재학생 4,140명 대상의 취업과 진로 의식에 대한 설문조사를 한 결과를 발표했다. 그 결과를 보면 전체 응답자의 84.6%인 3,501명의 학생이 자신의 진로를 고려해서 대학 진학을 결정했다고 응답했다. 그런데도 지금 그들은 진로 문제로 어려움을 겪고 있다. 가장 큰 이유는 자기의 능력과 역량을 여전히 모르기 때문이고(31.7%, 1,313명), 다음이 흥미와 적성을 모르기 때문이라는 응답이었다(22.1%, 915명).

구 분	응답 수(명)	비율(%)
나의 능력과 역량에 대해 잘 모르겠다	1,313	31.7
나의 흥미와 적성에 대해 잘 모르겠다	915	22.1
직업의 종류와 세계에 대하여 잘 모르겠다	758	18.3
목표를 달성하기 위한 노력 및 의지가 부족하다	584	14.1
내가 원하는 길이 경제적·사회적으로 안정성이 부족하다	273	6.6
기타	209	5.0
내가 원하는 길과 부모님이 원하는 길이 다르다.	88	2.1
합계	4,140	100

이 통계가 나온 당시, 대학 입학 관계자로부터 충격적인 이야기를 들었다. 학생들이 학생부종합전형으로 대학에 입학하든지, 학생부교과전형으로 입학하든지, 정시전형으로 입학하든지 대학 2학년이 되면 다 같이 공무원 시험 준비를 한다는 것이다. 당시에는 공무원이 인기가 있어서 그런 현상이 나온 것이지만, 학생을 선발하는 제도와 무관하게 대학생들은 진로를 잡아 나가고

있었던 것이다.

과거 각 대학에서 학생부종합전형을 준비할 때 진로 선택을 빨리하되, 1학년 때는 넓게 범위를 잡아 진로를 선택하고, 학년이 올라갈수록 범위를 좁혀서 3학년 때는 구체적인 진로가 결정되어야 한다고 말한다. 나는 이러한 진로코칭이 맞지 않는다고 생각한다.

꿈은 수시로 바뀌는데 어떻게 깔때기 모양으로 일관성 있고 구체적으로 결정할 수 있을까? 시대가 변하고 직업도 바뀌는데 어떻게 현재의 직업을 중심으로 진로 희망을 구체적으로 적으라고 요구하는 것일까? 앞으로 어떤 직업이 사라질 것이며 어떤 직업이 생길지도 모르는데, 현재 수준에서 진로 희망을 적어야 하는 것인지 참 답답했다. 그렇다고 진로를 정해서 준비한 학생들을 합격시킨 대학이 그 진로에 맞는 직업인으로 키우는 것도 아니다.

친구 K는 2023년에 대기업에서 부장으로 은퇴했다. 그는 서울에서는 잘 알려지지 않은 지방대(지방 4년제 사립대) 출신으로 고향 근처 산업단지에서 현장 기술직으로 첫 직장을 구했다. 처음에는 전공을 살려 일을 시작했지만, 시간이 흐르면서 경영, 인사, 노무 등 전공과는 다른 업무도 맡게 되었다. 이 모든 기회는 그가 원한 것이 아니라, 회사 사정에 따라 자연스럽게 주어진 것이었다. 결국 그는 학벌과 상관없이 능력을 인정받아 승진했고, 어느 순간 다른 대기업에 스카우트까지 되었다. 새로 옮긴 직장에서 주로 인사와 노무 관련 업무를 맡았는데, 이는 그가 대학에서 전공한 분야와는 관련이 없는 일이었다. 이후 서울에 있는 그룹 본사에서 근무하다가 정년퇴직하였다.

그는 고등학생과 학부모를 대상으로 진로 특강을 하는 내게 '알짜배기 전문대학의 좋은 학과를 추천하는 것이 아이의 인생에 큰 도움이 될 것'이라고 강조했다. 무작정 4년제 대학에 진학하기보다는 실용적이고 경제적으로 안정된 삶을 추구하는 것이 더 낫다는 요지다.

그는 기업에서 베이비붐 세대의 은퇴로 중간 관리자와 기술자 수요가 크게 많아지고 있음을 알고 있었다. 그의 조카 중 두 명은 수도권의 중위권 대학에 재학 중이었지만, 그는 자기의 경험과 산업단지의 인력 수요를 바탕으로 현장 관리자 직군에 맞는 전문대학 학위를 취득하라고 설득했다. 실제로 그는 조카들에게 필요한 자격증을 취득하게 했고, 그들은 산업단지 내의 정유 및 화학 기업에 중간 관리자로 취업할 수 있었다. 연봉도 좋았고 특별한 문제가 없다면 정년도 보장되는 자리였다.

조카들은 현실적인 문제와 삼촌의 권유로 고등학교 때 계획했던 진로와는 다른 길을 선택했지만, 결과적으로는 안정된 직업을 얻었다. 경제적으로 안정된 삶을 유지하게 되었으므로, 앞으로 평생교육이나 개인의 발전 차원에서 그들이 하고 싶었던 공부도 할 수 있을 것이다.

이 사례는 고등학교 때 진로를 서두르지 않아도 괜찮다는 것을 보여 준다. 앞으로 언제든지 진로를 변경할 수 있으며, 그에 맞는 자격과 능력을 갖추는 것이 중요하다. 이제는 평생직장도, 평생직업도 없는 시대다. 여러 직장을 경험하고 다양한 직업을 가지게 되는 시대가 되었으므로 진로 결정을 너무 서두르지 말고 차분히 준비하는 것이 필요하다.

고등학생의
진로

우리나라에서 고등학생의 진로는 크게 3가지로 나눌 수 있다. 취업, 일반대학 진학, 전문대학 진학이다.

먼저 취업은 고등학교 졸업 후 바로 일자리를 찾는 경우로, 주로 특성화고등학교에서 이루어진다. 일반계 고등학교에서는 드문 일이다. 그러나 최근에는 특성화고등학교도 대학 진학이 대부분을 차지한다. 두 번째는 일반대학 진학이다. 이는 대부분의 고등학생이 선택하는 경로로, 현재 우리나라에는 약 196개의 4년제 일반대학이 있으며, 입학 정원은 약 34만 명이다. 학문연구를 목적으로 하고 있다. 마지막으로 전문대학 진학이 있다. 전국에 약 130개의 전문대학이 있으며, 입학 정원은 약 16만 명이다. 현장 전문가를 만드는 직업교육을 담당하고 있으며, 취업이 목적이다.

이외에도 고용노동부 산하의 폴리텍대학, 직업전문학교, 학점은행제 기관, 그리고 방송통신대학, 사이버대학, 디지털 대학 등도 있지만, 일반적으로 학생들이 가장 많이 선택하는 진로는 일반대학과 전문대학이다.

일반대학에 진학하면 대부분 학사 학위를 취득하고 취업을 준비한다. 더 공부하고 싶다면 대학원에 진학해 석사나 박사 과정을 밟기도 한다. 하지만 일반대학을 졸업했음에도 취업이 어려운 일부 학생들은 취업이 잘되는 전문대학이나 직업 교육기관에 다시 진학한다. 특히 간호학과나 물리치료과 등 보건 계열의 많은 학생이 일반대학을 졸업한 후 다시 전문대학에 입학한 경우다. 이러한 현상이 빈번함에도 우리나라 고등학교는 여전히 일반대학 진학을 당연하게 여기고 있다.

그래서 전문대학이나 직업 교육을 선택하면 마치 잘못된 선택을 한 것처럼 보이는 분위기가 형성되곤 한다. 이런 진로 환경이 바람직하지 않다고 생각한다. 물론 실용적이고 직업 전망이 좋은 대학과 전공을 추천하는 선생님들도 있다. 하지만 많은 교사가 어떻게든 학생을 일반대학에 진학시키려는 경향이 있다. 학생의 학습 습관이나 심리적 상태, 그리고 사회의 직업 수요 변화를 전혀 고려하지 않고 단순히 대학 입학만을 목표로 삼는다. 그러나 그 과정에서 학생과 학부모는 피해자가 된다.

전문대학으로 진학하는 경우, 학위를 취득한 후 바로 취업하는 경로를 선택할 수 있다. 보통 인문사회 계열은 2년제, 보건 계열이나 유아교육, 공학 계열은 3년제로 운영된다. 간호학과는 4년제로 운영되며 일반 학사 학위를 취득한다. 2년제나 3년제 전문 학사를 취득한 학생들은 전문대학에서 제공하는 학사학위 과정('학사학위전공심화과정'이라고 함)을 통해 4년제 학사 학위를 취득할 수도 있다. 또한 많은 전문대학은 일반대학과 연계된 무시험 편입 제도를 운영하고 있어 이를 통해 일반 4년제 대학으로 편입도 가능하다. 더 나아가 전문대학에서도 전문 기술 석사 학위를 취득할 수 있는 대학원 과정이 운영되고 있다.

그렇다면 학생들은 어떤 기준으로 대학 진학을 결정해야 할까? 일반대학과 전문대학 중 어느 곳이 더 나은 선택일까? 꼭 고등학교 졸업 후 바로 대학에 가야만 할까?

현재는 고등학교 3학년 학생 수가 대학 입학 정원보다 적어 대학에 진학하지 못하는 경우가 거의 없다. 다만 학생들은 더 나은 대학, 사회적으로 인정받는 대학에 진학하려 하기에 어려움을 겪는다. 이런 이유로 재수나 삼수를 택하기도 한다. 특히 의대를 목표로 하는 학생들은 재수·삼수도 마다하지 않는다. 이는 생계유지와 평생 안정적인 수입에 대한 기대 때문이다. 우리나라에서 의사의 수입은 다른 직업에 비해 매우 보수가 높고 안정적이어서 의대를 선택하는 경우가 많다.

나는 학생들에게 대학에 진학하더라도 생계를 보장할 수 있고, 충분한 수입을 올려 안정된 삶을 누릴 수 있는 직업을 가질 수 있는 대학을 선택하라고 권한다. 자본주의 사회에서 생계를 유지할 능력이 없다면 대학을 졸업한 의미가 크게 줄어들기 때문이다. 따라서 학생이 스스로 목표하는 최고의 대학에 진학하되, 그 과정에서 자신을 몰아붙여 준비하고 도전해야 한다. 그러나 고등학교에서 충분히 공부하지 않았다면, 대학 진학을 심각하게 고민해 봐야 한다. 고등학교 때도 공부하지 않았는데, 대학에 가서 과연 공부를 잘할 수 있을까? 그렇게 4년을 보낸다고 해도, 사회에서 필요한 역량을 갖추고 졸업할 수 있을까? 그렇지 않다면 차라리 직업 교육을 선택하는 것이 더 나을 수 있다. 어쩌면 대학 진학을 포기하는 것이 현명한 선택일 수도 있다. 만약 대학에 간다면 그곳에서 자신의 모든 열정을 쏟아부어 공부해야 한다. 세상에는 거저 얻을 수 있는 것은 없다. 개인의 삶도 마찬가지다.

생산직으로 갈까?

2023년 봄, 언론을 뜨겁게 달군 취업 이슈가 있었다. 바로 현대자동차의 생산직 직원 모집이었다. 10년 만에 채용 문이 열린 기술직을 향한 청년 구직자들의 관심이 뜨거워 채용 홈페이지가 마비될 정도였다. 처음 200명을 채용할 때, 지원자가 20만 명이 넘었다는 뉴스가 보도됐다. 기술직은 전통적으로 생산직을 말하는데 생산직군은 높은 학력이나 스펙을 요구하지 않는다. 내 기억으로는 과거에 생산직은 크게 인기를 누리는 직군이 아니었다. 사무직을 선호했기에 자신이 생산직군에 종사하는 사실을 밝히기 꺼리는 분위기도 있었다.

그래서 일반대학을 졸업한 사람들은 연구직이나 개발직군에 지원하는 것을 선호했고 그것이 관례였다. 회사에서도 생산직은 일반대학 졸업자가 아닌 고졸자나 초급대학 졸업자(전통적으로 전문대학 졸업자)를 위한 직군으로 봤다. 그리고 기업에 따라서는 생산직군에 필요한 학력을 고졸과 전문대학을 졸업한 자로 한정하기도 했다. 이런 사회적 흐름을 보며 나도 학생들에게 대기업 생산직의 이점을 설명하며, 전문대학을 통해 대기업 생산직군에 진출하는 진로가 매우 유망한 선택임을 자주 권유해 왔다.

한 방송사에 따르면, 현대자동차 생산직 모집 공고가 났을 때 한 직장인 커뮤니티에서 이색적인 투표를 했다. 7급 공무원과 현대차 생산직 중에서 직업으로 무엇이 더 나은지를 묻는 투표였다. 3,516명이 참가한 이 투표에서 현대차 생산직이 낫다는 응답이 2,234명으로 63.5%였고, 7급 공무원이 낫다는 응답이 1,274명으로 36.5%였다.

이유가 무엇일까? 수입과 복지 혜택과 같은 현실적인 이유였다. 공무원은 확실한 고용이 보장되며 사회적 지위가 높아서 경기가 좋지 않을 때 선호되는 직업군이다. 반면, 대기업의 생산직은 고등학교 졸업자나 초급대학(전문대학) 졸업자가 취업하는 곳이었다.

내 학창 시절만 해도 대학을 졸업한 사람은 연구 개발직으로 가는 것이 통상적이었지만 지금은 상황이 바뀌었다. 그때는 대학 진학자가 전체 고등학생의 30%도 되지 않았다. 지금은 직업

교육을 담당하는 전문대학은 줄어들었고, 일반대학이 196개로 양적인 팽창을 했다. 그에 따라 대학을 졸업해도 연구 개발 일을 할 수준이 되지 않는 졸업자가 많아졌다. 그 와중에 인공지능의 발달로 웬만한 조립공장에서는 로봇이 사람을 대체하고 있다. 또한 국내 졸업자뿐만 아니라 해외 유학생, 외국인 등도 다수 있다. 상황이 이러하니 일반대학을 졸업하고도 연구 개발직에 갈 수 있는 기회와 인원이 많이 줄어든 것이다.

최근 취업 시장에서 일반대학 졸업자인데 연구 개발직이 아닌 생산직에 지원하는 사람들이 증가하고 있다. 현대자동차에 가장 빈번하게 들어오는 문의 중 하나는 '일반대학 졸업생도 생산직에 취업할 수 있느냐'는 질문이었다고 한다. 한 방송 기자가 서울의 대학가를 돌아다니며 학생들을 인터뷰한 결과, 인터뷰에 응한 모든 학생이 현대자동차 생산직군에 관심을 보였다.

A 학생은 대기업이 월급과 인프라가 잘 갖춰져 있기 때문에 생산직에도 매력을 느낀다고 말했으며, B 학생은 풍요로운 삶을 위해 대기업 생산직을 더 선호할 것이라고 했다. C 학생은 돈을 많이 벌고 싶은 마음에 생산직으로의 전환을 고민하고 있었으며, D 학생은 연봉과 복지 측면에서 대기업의 생산직도 충분히 매력적이라고 생각한다고 했다. 이러한 선택은 결국 직업을 갖

는 가장 기본적인 이유인 생계유지와 미래 기대 수입을 고려한 현실적인 판단에서 나온 결과다.

해당 보도에 따르면, 현대자동차의 생산직 신입사원의 연봉은 5천만 원이며, 경력 16년 차의 연봉은 1억 3천만 원에 달한다고 한다. 물론 이 같은 연봉을 받기 위해서는 초과근무와 주말 특근을 해야 하지만 보수가 높은 편이다. 반면, 공무원 보수는 훨씬 적다. 2021년 기준으로 9급 공무원 1호봉의 월급은 세전 168만 6,500원이고, 7급 1호봉은 192만 9,500원으로, 이는 거의 최저 임금과 비슷하다. 그래서 요즘 공무원 임용 후 5년 이내에 퇴사한 사람이 1만 명을 넘는다고 한다. 이러한 변화는 직업 선택이 점점 소득을 우선시하는 방향으로 이동하고 있음을 보여 준다.

매일경제신문과 진학사가 20대 남녀 1,000명을 대상으로 한 설문조사에 따르면, 직장 선택에서 가장 중요한 요소로 78%가 연봉을 꼽았다. 그 외에 적성 51.8%, 성장 가능성 40.4%, 직장 복지와 문화 34.2%, 직장에 대한 사회적 시선 12.5%로 나타났다. 이러한 결과는 20대에게 연봉이 가장 중요한 요소로 작용하며, 다른 요소들은 상대적으로 크게 고려되지 않고 있음을 보여 준다.

이는 진로 교육 전문가들이 흔히 말하는 '원하는 일을 찾아서 하라'는 조언이나 '흥미와 적성에 맞는 직업을 찾아라' 하는 진로 지도와는 정면으로 배치되는 결과다. 즉, 매우 현실적인 선택, 생존을 위해 진로를 결정하는 모습을 보여 준다. 이 기사를 취재한 담당자는 "적성에 맞는 일을 하면서 자아실현도 하고, 돈도 많이 벌 수 있는 질 좋은 일자리가 줄어드는 현실이 안타깝다."라고 말했다. 그러나 개인의 적성에 맞고 자아실현도 하면서 돈을 많이 버는 일은 생각보다 아주 적은 것이 현실이다.

개인의 욕망은 시간이 흐름에 따라 변하기 때문에 그에 완벽히 부합하는 일자리를 찾는 것은 거의 불가능에 가깝다. 평범한 사람이라면 생계를 유지할 수 있는 직업을 우선적으로 고려하는 것이 중요하다. 이를 무시하고 이상적인 직업만을 좇는다면 실패할 가능성이 크다. 실제로 경험하기 전까지는 그 직업에 대해서 제대로 알 수 없다. 그래서 우선 생계를 유지할 수 있는 직업이 필수적이라고 보는 것이다.

의대 합격자 L 군의
진로 변경

2024년 봄, 서울 소재 최고의 명문 대학인 K대학에서 생명과학을 전공하는 4학년 S군과 상담할 기회가 있었다. 그는 원래 의사가 되고자 의대에 지원했으나, 면접에서 실수하는 바람에 생명과학을 전공하게 되었다. 그는 생명과학 연구원이 되기 위해 대학원 진학이나 유학을 염두에 두고 있었는데, 새롭게 생각한 분야가 컴퓨터 관련 분야였다. 생명과학을 공부하다 보니 컴퓨터의 필요성을 절감하게 되었고, 컴퓨터의 도움을 받으면 더 나은 연구를 할 수 있다고 판단했기 때문이다. 더 나아가 생명과학 분야보다 더 전망이 좋을 것 같은 인공지능 분야로의 진로 전환도 고민 중이라고 했다.

이러한 상황은 대학 진학 후 진로를 결정했으나, 졸업을 앞둔 시점에서 마음이 바뀌기 시작하는 경우로, 대학생들에게서 흔히 나타나는 현상이다. 그는 생계 문제, 다시 말해 미래의 생존을 고려했을 때 현재의 진로 선택만으로는 만족할 수 없다고 판단해 새로운 결정을 하려는 것이었다.

또 다른 예로, 내가 아는 젊은 친구 L 군은 미국 실리콘 슬로프 Silicon Slope에서 스타트업 프로그램 매니저로 일하고 있다. 초등학교 시절 이민을 떠난 그는, 이민자의 설움을 겪는 아버지를 보며 의대에 진학해 의사가 되기로 결심했고, 그 목표를 위해 정말 열심히 공부했다. 그는 중학교와 고등학교에서 우수한 성적으로 졸업했고, 대학에서도 최고 우등상을 받으며 졸업했다. 그리고 여러 의대에 합격했다. 의사가 되는 것은 그의 꿈이었고, 부모의 기대 역시 매우 컸다. 그 자신도 의사가 되어야 한다는 사명감을 강하게 느꼈다.

그런데 의대에 합격하고 입학하기 전 몇 달 동안 그는 파트타임 일을 찾던 중 우연히 실리콘 슬로프의 작은 스타트업에서 일하게 되었다. 그의 역할은 의대 준비와는 전혀 관련이 없는 컴퓨터 프로그램 개발이었다. 컴퓨터 프로그래밍에 대해 아는 것이 없던 그는 독학으로 프로그래밍을 공부하면서 점점 흥미를 느꼈고, 커뮤니티 칼리지에서 몇 가지 관련 과목을 수강하며 더 깊이 공부하기도 했다. 그렇게 일을 하면서 그는 자신이 컴퓨터 프로그래밍을 좋아하고, 적성에 맞는다는 것을 깨달았다. 그 회사에서는 그를 정규직으로 채용하고 싶어 했고, 그도 그 일을 하면 인생이 더 재미있을 것 같다는 생각에 의대 진학을 포기하고 그 회사에서 일하기로 결정했다. 당시 그는 20대 후반이었다.

의대 합격을 포기하고 작은 스타트업에서 일하기로 한 그의 결정에 부모와 친구들은 모두 반대했다. 하지만 그는 의대보다 이 일이 더 적성에 맞다고 느꼈다. 회사에서도 좋은 대우를 받으며 점점 중요한 역할을 맡게 되었다. 이후 입사 당시 받았던 스톡옵션(주식)이 회사 상장 후 크게 올라 많은 돈을 벌었다.

현재 L 군은 인공지능 분야에서 박사 학위를 취득하기 위해 미국의 한 주립대학교 대학원에서 공부하며 일과 학업을 병행하고 있다. 나는 그에게 의대 진학을 포기한 것을 후회하지 않느냐고 물었다. 그는 이렇게 대답했다.

> "후회하지 않아요. 만약 제가 의대에 갔다면, 지금쯤 수련의 과정을 밟느라 잠도 제대로 못 자고 있을 겁니다. 제 현재 연봉은 보통 전문의보다 훨씬 높고, 이미 받은 스톡옵션 덕분에 앞으로 더 많은 부를 쌓을 수 있을 겁니다. 그때 의대에 가지 않은 것은 제 인생에서 최고의 결정이었습니다."

그는 이제 테크기업의 경영자를 꿈꾸고 있다. 이 사례들은 진로 결정이 생존과 직결된다는 사실을 보여 준다. 시간이 흐르거나 상황이 바뀌면, 현재의 진로가 어떻게 변할지 알 수 없다. 지금 진로를 결정하는 것도 중요하지만, 미래에 결정적인 순간이 왔을 때 좋은 선택을 할 수 있도록 실력을 키우는 것이 더욱 중요하다.

L 군은 의대에 합격할 정도의 학업 능력을 갖추고 있었기에 우연히 접한 컴퓨터 프로그래밍에서도 성공할 수 있었다. 그가 준비했던 의사의 길을 포기하고, 새로운 길을 선택할 수 있었던

것은 그간 쌓아온 실력 덕분이었다. 진로를 결정하지 못했더라도, 실력을 키우는 것이 얼마나 중요한지를 보여 주는 사례다. 실력을 갖추지 못한 상태에서 내리는 진로 결정은 큰 의미가 없으며, 결국 자기만족에 그칠 수밖에 없는 것이라 해도 과언이 아니다.

꿈이 없다고 해서
잘못된 것은 아니다

2019년, 방탄소년단을 키운 방시혁 대표는 모교인 서울대학교 졸업식에서 자신의 진로가 어떻게 변화해 왔는지를 말했다.

그는 어릴 적부터 특별한 꿈이 없었다고 했다. 그의 집안에서는 그가 법학을 전공하기를 원했지만, 서울대 법대에 갈 실력은 되지 못했다. 그러나 서울대를 포기하지 못해 결국 성적에 맞추어 미학과에 진학했다. 미학과가 무엇을 배우는 학문인지 정확히 알지 못한 채 진학했지만, 막상 수업을 듣다 보니 미학과가 자신의 성향과 잘 맞는다는 것을 알게 되었다. 수업이 너무 재미있어서 중학교 시절부터 해왔던 음악도 잠시 미뤄두고 학업에 집중할 만큼 만족스러운 시간을 보냈다.

이후 음악을 직업으로 삼았다. 음악에 취미가 있기는 했지만 직업으로 이어지게 된 이유에 대해서는 자신도 명확히 알지 못한다고 말했다. 일반적으로 사람들은 방시혁 대표가 음악을 하게 된 결정적인 계기나 특별한 순간이 있었을 것이라 믿지만, 그는 특별한 계기가 없었다고 말한다. 그냥 흘러가다 보니 어느새 음악을 하고 있었다는 것이다. 그저 운명처럼 무언가에 이끌리듯이 프로듀서의 길로 들어서게 된 것이다. 1997년 그는 박진영과 함께 JYP를 설립했고, 이후 독립해 '빅히트 엔터테인먼트'라는 사업체를 세웠다.

그는 자신이 큰 꿈을 가진 야망가도 아니었고, 원대한 꿈을 꾸는 사람도 아니었다고 말한다. 그 대신 그때그때 자신이 하고 싶은 것을 좇아 선택해 왔다. 그의 삶을 움직이는 큰 동력은 '불만'이었다. 그는 '불만 많은 사람'이라고 스스로를 정의한다. 세상이 타협을 너무 많이 요구해서 불만이 많았고, 더 나은 방법이 있음에도 불구하고 현실에 안주하는 사람들에게 불만을 품었다. 주변의 상황과 타협하지 않고, 최선의 결과를 추구하지 않는 것에 분노했다고 한다. 이러한 그의 성향은 작업뿐만 아니라 회사 운영에 이르기까지 모든 면에 영향을 미쳤다. 최고를 향한 그의 고집은 더 나은 콘텐츠를 만들 수 있음에도 불구하고 여러 가지 핑계를 대며 적당한 선에서 멈추려는 태도에 대한 분노로 이어졌다.

그렇다고 그가 스스로를 혁명가라고 생각하는 것은 아니다. 다만 눈앞에 보이는 불합리와 부조리에 대해 지나칠 수 없었던 것뿐이다. 그에게는 특별히 원대한 꿈이나 미래의 계획이 있었던 것은 아니었지만, 사회적 부조리나 불공정한 상황을 접할 때마다 강한 분노를 느꼈으며, 그런 문제를 해결하고자 하는 마음이 마치 자신의 소명처럼 다가왔다고 말했다. 이는 자신이 사랑하는 음악과 팬들, 그리고 아티스트들에 대한 존중이었고, 그를 행복하게 만드는 원동력이기도 했다. 졸업식 연설에서 그는 서울대 졸업생들에게 다음과 같은 메시지를 전했다.

"행복은 감정적으로 느끼는 행복과 이성적으로 인식하는 행복한 상황이 있습니다. 스스로 어떤 상황에서 행복을 느끼는지 정의하고, 그러한 상태에 자신을 두기 위해 부단히 노력해야 합니다."

외부에서 보면 방시혁 대표는 자신의 꿈을 향해 끊임없이 노력해 온 것처럼 보일 수 있다. 하지만 사실 그는 꿈 대신 현실의 문제와 싸워 왔다. 그리고 그 싸움에서 끊임없이 성장하며 자신의 길을 걸어왔다. 그는 앞으로도 꿈이 없는 삶을 살 생각이라고 한다. 알지 못하는 미래를 계획하기보다는 지금 당장 마주한 납

득할 수 없는 문제를 해결하는 데 집중하겠다는 것이다. 그는 세상이 넘을 수 없다고 여기는 벽을 넘기 위해 끊임없이 노력하고 반성하며 자신을 갈고닦겠다고 다짐했다.

그는 졸업생들에게 꿈이 없어도 자괴감을 느낄 필요가 없다고 강조했다. 중요한 것은 현재 이 순간에 최선을 다하는 것이며, 그렇게 해야 선택의 순간이 왔을 때 자신만의 기준으로 올바른 답을 찾을 수 있다고 말했다.

꿈이 없다고 해서 잘못된 것은 아니다. 고등학교 시절에 진로를 명확히 정하지 못하더라도, 성공과 행복을 찾을 수 있고 대학 진학 역시 가능하다. 그러나 대학에 가고자 한다면, 대학에서 공부할 수 있는 기초는 반드시 탄탄히 준비해야 한다. 직업은 대학의 전공과 다른 것으로 선택할 수 있고 언제든지 바뀔 수 있으며, 인생의 목표와 진로, 꿈 역시 상황에 따라 변할 수 있다.

중요한 것은 그런 변화 속에서 올바른 선택을 할 수 있는 능력을 갖추는 것이다. 능력이 부족하고 실력이 갖춰지지 않았다면, 중요한 선택의 순간에 좋은 결정을 내릴 수 없다. 방시혁 대표처럼 기본적인 실력을 쌓는 것이 진로를 고민하는 것보다 현명한 선택이다. 진로는 늦게 결정해도 괜찮고, 꿈이 뚜렷하지 않아도 상관없다. 현재 자신이 해야 할 일에 최선을 다하다 보면, 자연스럽게 진로와 꿈이 생긴다.

딱히
잘하는 게 없어요

현재 우리나라의 고등학생들 중 공부를 잘하는 학생보다 못하는 학생이 더 많다. 만약 공부를 잘한다는 기준을 3등급 이내로 본다면, 이는 상위 23%에 해당한다. 나머지 77%는 이 기준에 미치지 못하기 때문에, 공부를 잘한다고 말하기는 어렵다. 그래서 자신이 공부를 못한다고 생각하는 학생들이 더 많다. 내 경험상, 그들은 공부를 못한다고 스스로 생각하기 때문에 다른 것들도 잘하지 못한다고 여긴다. 속마음이야 어떨지 모르지만, 공부를 못한다는 이유로 공부 외의 다른 재능이나 역량을 찾거나 인정하려는 노력조차 하지 않는다.

나는 이런 학생들에게 잘하는 것이 없는 것 같아도 걱정하거나 너무 자책하지 말라고 말한다. 지금의 성적은 학교의 교과서를 배우고 그 배운 것에서 문제를 내고 답을 찾는 것을 얼마나 잘하는가를 측정하는 것일 뿐이다. 그것은 사회에서 원하는 것이 아니다. 사회에서 원하는 것은 사람들이 원하는 것을 찾아내고 이를 해결해 줄 수 있으면 된다. 그런 일은 학벌과도 관계없고 학교 성적과도 관계없다.

또 한 가지, 우리는 고등학교 시절에 모든 것을 알 수 있는 능력이 완성되는 것이 아니다. 고등학교 때는 공부를 하지 못했지만, 나중에 꿈을 이룬 경우도 많다. 지금은 공부를 못해도, 앞으로 성공하고자 하는 욕망이 있다면, 자신이 구상한 미래의 삶을 위해 도전하고 싶다면 얼마든지 도전할 수 있다. 나는 이런 사람을 슬로우 스타터Slow starter라고 부른다. 슬로우 스타터는 예를 들어, 축구선수라면 득점을 시즌 초가 아닌 시즌이 진행되면서 득점을 잘 올리는 사람이다. 손흥민과 같은 선수가 대표적이다. 야구선수라면 시즌 초에는 타율이 낮지만, 시즌이 진행되면서 타격이 좋아지는 선수를 말한다.

이 같은 경우가 진로에서도 나타난다. 고등학교 시절에는 공부를 잘하지 못했는데, 시간이 지나면서 공부를 잘하거나 진로를 제대로 찾아가게 되는 경우다. 이런 사람들이 슬로우 스타터이다. 아마 세상의 많은 사람이 슬로우 스타터일 것이다. 다만 그것을 인식하지 못하고 있을 뿐이다. 경험만으로 대기업에 입사한 제자 S가 슬로우 스타터의 한 사례라고 할 수 있다.

경험만으로 대기업에 입사한
제자 S 군

2023년 봄, 고등학교를 졸업한 지 오래된 한 제자로부터 연락이 왔다. 그는 육군 대위로 근무하는데, 전역하면 자신의 사업을 시작하고자 했다. 그런데 갑자기 국내의 모 대기업에 지원할 기회가 생겼고 일사천리로 모든 관문을 통과해 최종 임원 면접까지 마쳤다는 것이다. 그는 '사람의 진로는 학교나 성적으로만 단정할 수 없고 언제 어떻게 진로가 바뀌고 결정될지는 아무도 모르기에 현재 하는 일에 최선을 다해 노력해야 한다'는 진로에 관한 내 생각에 전적으로 동의했다.

그의 고등학교 성적은 말 그대로 일반 고등학교에서 받을 수 있는 최하위권의 성적이었다. 공부보다는 운동에 더 관심이 많았고, 축구와 태권도 등 다양한 운동을 하며 시간을 보냈다. 고등학교 졸업을 앞두고 갈 수 있는 대학이 없었기 때문에 담임 선생님의 추천으로 인근의 전문대학 체육학과에 진학했다. 그렇게 전문대학에 입학한 후, 한 학기를 보내며 자신의 미래에 대해 진지하게 고민하기 시작했다. 그는 장교로 군 복무를 하고 싶었고, 남들이 인정하는 기업에 취업하여 부자가 되는 꿈도 꾸었다. 그러나 그 당시 그에게는 명확한 길이 보이지 않았다.

전문대학 학생으로는 ROTC나 학사장교 프로그램에 참여할 수 없었고, 당시 전문대학은 4년제가 아니었기 때문에 장교로 군 복무를 할 수 있는 자격도 없었다. 결국 그가 선택할 수 있는 유일한 방법은 육군 3사관학교로 편입하는 것이었다. 장교가 되기 위해 편입을 결심한 그는 전공도 체육이 아닌, 상담심리학을 선택했다. 편입을 위해 공부를 시작했지만, 워낙 공부를 안 했던 터라 학습 자체가 어색하고 힘들었다. 무엇부터 시작해야 할지도 몰랐고, 영어는 알파벳부터 다시 공부해야 할 정도였다. 그러나 그는 포기하지 않았다. 교수님의 수업을 맨 앞자리에 앉아 녹음하고, 녹음을 반복해 들으며 공부를 이어 갔다. 결국 그의 노력은 결실을 맺었다. 육군 제3사관학교 상담심리학과 3학년으로 편입에 성공한 것이다.

늦게 시작한 공부였지만, 그는 그 과정에서 큰 재미를 느꼈다. 시간 가는 줄 모르고 공부에 몰두했다. 그 결과, 상위권 성적으로 졸업하게 되었고, 이후 육군 정훈장교로 근무하게 되었다. 그는 자신의 업무를 잘 수행하기 위해 계속해서 공부하고 새로운 기능을 익히며 최선을 다했다. 이러한 노력 덕분에 국비 지원으로 대학원에 진학할 기회까지 얻게 되었다. 전역이 가까워지면서는 국내 유명 프로 스포츠 구단과 엔터테인먼트 회사에서 정규직으로 영입 제안을 받기도 했지만, 그는 그 제안들을 자신의 꿈을 위해 거절했다. 그러다 대기업의 입사 시험에서 서류 전형에 합격해 면접시험을 치렀다. 면접을 마친 후, 그가 말했다.

"사실 저는 아무 자격증도 없이 경험을 중심으로 자기소개서를 작성했고, 본사 00팀에 지원했는데, 운 좋게 서류 합격을 했습니다. 인·적성 시험과 1차 실무 면접도 통과해 오늘 최종 임원 면접을 보고 왔습니다. 어학 자격증도 없었지만, 제가 살아오면서 쌓은 다양한 경험들이 사회에서 충분히 인정받을 수 있다는 것을 느꼈습니다. 요즘 대기업 채용 트렌드도 스펙보다는 인성을 더 중시하는 경향이 있어서, 군 생활의 경력은 00팀의 직무와는 직접적으로 연관이 없었지만, 경험을 바탕으로 00직무를 잘 수행할 수 있다는 점을 어필할 수 있었습니다."

그는 대기업에 최종 합격하여 근무 중이다. 그가 말했듯이 그는 사회나 학교, 그리고 흔히 말하는 진로 전문가들의 조언대로 진로를 걸어간 것이 아니었다. 고등학교 시절 성적이 부진했지만, 그는 자신이 처한 상황에서 최선을 다했다. 그 과정에서 새로운 능력을 키웠고, 그 능력은 다른 능력으로 이어지며 새로운 기회를 창출했다. 그는 자신을 가두고 있던 환경이라는 새장bird cage을 박차고 날아올라, 자신이 구상한 미래의 새로운 세계에 안착한 것이다.

그의 진로 선택에서 흥미나 적성은 고려 대상이 아니었다. 자신에게 맞는 직업이 무엇인지도 고민하지 않았다. 그저 더 나은 삶을 살고 싶다는 소망만 있었다. 그리고 그 소망을 이루기 위해 지금 이 순간에 최선을 다했을 뿐이다. 그러다 보니 더 나은 미래가 보였고, 새로운 기회가 그 앞에 다가왔다. 그에게는 여러 기회가 찾아왔고, 그때마다 여유 있게 선택할 수 있었다. 만약 그가 자신을 둘러싼 환경에 안주했다면, 그 기회들을 잡지 못했을 것이다. 그는 주어진 상황에서 최선을 다해 자신의 능력을 키웠고, 중요한 선택의 순간마다 최고의 선택을 하려고 노력했다. 결국 그는 자신이 만족할 수 있는 진로를 선택하고 결정할 수 있었다.

사람은 자신의 미래를 구상해야 한다. 먼 미래는 어렴풋하게라도 상상해 보고, 가까운 미래는 구체적으로 계획해야 한다. 그 구상에 맞춰 현재의 시간을 보내야 한다. 사람은 자신이 생각한 것 이상으로 발전하지 못하기 때문이다. 두렵더라도 과감히 도전해야 한다. 결과가 어떻게 될지는 알 수 없지만, 자격이 없다고 미리 단정하지 말고 자신의 소망을 이루기 위해 도전해야 한다. 인생은 도전하지 않더라도 후회로 가득 차기 마련이니, 하고 싶은 비전을 위해 몸을 던져 보는 것이 낫다. 날개가 없어도 날아오를 수 있는 방법과 기회는 존재한다. 어떤 이는 '절벽에서 떨어져 봐야 날개를 만들 수 있다'고 말한다.

미국 작가 레이 브래드버리[Ray Bradbury]는 이렇게 말했다.

"뛰어라! 떨어지면서 날개를 펴는 법을 알게 될 것이다."

자기를 바라보는 눈, 자기 규정

사람은 스스로를 바라보는 '눈'을 가지고 있다고 한다. 부모도 자녀를 바라보는 '눈'을 가지고 있다. 이 눈은 자신에게 거는 기대와 자녀에게 거는 기대를 포함한다. 만약 현재의 모습에 주눅이 들면, 자신에 대한 기대가 줄어들거나 과하게 커질 수 있으며, 이는 자녀에게도 마찬가지다. 하지만 자기 자신을 스스로 규정하는 '자기 규정[Self-determination]'은 매우 중요한 요소다. 마찬가지로 자녀에 대한 규정 역시 중요하다. 스스로 규정한 것은 자신을 대하는 기준이 될 뿐 아니라, 자녀의 가치를 존중하는 기준이 되기 때문이다.

전 아주대 심리학과 교수인 이민규 박사는 저서 『하루 1%』의 첫 장에서 심리학적으로 자기 규정 효과Self-determination effect에 대해 이렇게 설명한다.

> "자신에 대한 믿음이 태도와 행동을 결정하고, 나아가 운명까지도 결정하게 된다."

자기 규정이란 자신이 어떤 사람인지, 미래에 어떤 사람이 될 지를 믿고 현재와 미래의 자기 모습을 신뢰하는 태도를 말한다. 자기 규정의 예로는 만약 의사가 되어 어두운 곳에서 봉사활동을 하고 싶다면 '가장 어두운 곳을 밝히는 가장 밝은 의사'라고 자신을 규정할 수 있다. 또는 교사가 되어 아이들에게 꿈을 찾아 주고 싶다면 '영감을 주고 꿈을 찾게 하는 스승'으로 자신을 규정할 수 있다.

이처럼 간단한 문장으로 자신을 규정할 수 있다. 옳고 그름을 떠나 자기 자신을 어떻게 바라보는지를 표현하는 것이 중요하다. 나 역시 스스로를 이렇게 규정하고 있다. "나는 가슴이 따스

하고 영혼이 겸손한 하나님의 아들이다. 나는 내가 계획한 것 이상으로 성공하며, 나를 만나는 사람들이 행복해지도록 돕는다." 더 잘 살고 싶고, 다른 사람들에게 행복을 주고 싶은 소망에서 나온 자기 규정이다.

이민규 저자는 자신을 새롭게 규정해야 하는 이유를 3가지로 설명한다. 첫째, 자기 규정은 우리의 태도와 행동 전반을 지배한다. 둘째, 우리가 자신을 현재와 다르게 규정하면 생각과 행동도 자연스럽게 달라지기 때문이다. 셋째, 우리가 자기 규정을 바꾸면 결과적으로 우리의 인생이 새롭게 규정한 대로 바뀌기 때문이다. 즉, 사람은 자신을 규정하는 대로 인생을 바꿀 수 있다. 자신의 생각과 행동을 자기 규정에 맞추면, 결국 그에 맞는 습관이 형성되고, 인생의 길이 변화하게 되는 것이다. 다시 말해, 인생에서 성공하고 싶다면 올바른 자기 규정을 하는 것부터가 첫 단계다. 그는 이렇게 강조했다.

"우리의 성장을 가로막는 가장 큰 장애물은 외부가 아니라 내부에 있다. 우리의 견해 중 가장 중요한 것은 자신에 대한 견해이며, 평가 중 가장 중요한 것은 자신에 대한 평가다. 어떤 사람도 자신이 생각하는 것 이상으로 높은 곳에 오를 수 없다. 그러므로 더 높은 곳에 오르고 싶다면, 우리 자신을 그곳으로 데려다 놓아야 한다."

나는 자기 규정을 잘하는 학생들이 많아졌으면 좋겠다. 내가 가르치는 학생들을 포함해 우리나라의 모든 청소년이 이러한 태도를 지녔으면 한다. 사람은 자기 자신을 바라보는 수준 이상으로 발전하기 어렵다. 따라서 먼저 자기 자신에게 당당해져야 한다. 그러한 태도는 현재보다 더 높은 곳으로 나를 데려다 줄 것이다. 현재의 성적이나 환경 때문에 자녀들이 의기소침해지지 않도록 해야 한다. 부모와 교사들이 먼저 그들을 새로운 시각으로 규정해야 한다. 그들이 스스로를 높이 평가하고 당당하게 살아갈 수 있도록, 자신을 올바르게 규정할 수 있게 도와줘야 한다.

영국 사이클
국가대표

영국 사이클 국가대표팀은 한 세기 넘게 사이클링계의 조롱거리가 되어 왔다. 100년 동안 올림픽에서 겨우 몇 개의 금메달을 획득했을 뿐이다. 일부 자전거 제조업체는 영국인들에게 자전거를 팔지 않을 정도였다. 국가대표팀은 많은 자원을 투입하고 최첨단 기술과 최신 훈련 방법을 도입했지만 결과는 신통치 않았다.

하지만 2003년, 영국 사이클링의 역사를 바꿀 작은 변화가 시작되었다. 그것은 당시에는 크게 주목받지 못했지만, 이후 엄청난 성과로 이어졌다. 국가대표팀 코치를 바꾼 것이다. 2003년, 데이브 브레일스포드Dave Brailsford가 영국 사이클 국가대표팀의 코치로 기용되었다. 이전 코치들은 극적인 변화를 꿈꿨지만, 브레일스포드는 작은 개선을 모아 큰 결과를 이루는 '근소이익의 합산the aggregation of marginal gains'이라는 전략에 집중했다.

"전체 원리는 자전거 타기의 모든 것을 나누어 1%씩 개선해 나가면, 모두 합쳤을 때 상당한 향상을 이루게 될 것이라는 생각에서 나왔습니다."

그의 개선 전략은 눈에 띄는 것부터 시작되었다. 자전거 장비, 선수복의 소재, 훈련 패턴 등에서 작은 변화를 시도했고, 이는 영양 관리와 자전거 정비 같은 예상치 못한 부분에도 적용되었다. 시간이 지나면서 이러한 작은 개선들이 합쳐져 놀라운 성과를 이루기 시작했다. 영국 사이클 국가대표팀은 브레일스포드가 코치로 부임한 이후, 투르 드 프랑스에서 6번이나 우승했고, 4번의 올림픽에서 가장 성공적인 사이클 팀으로 자리매김했다. 또한 도쿄 올림픽에서도 금메달을 휩쓸었다.

이처럼 작은 변화가 큰 결과로 이어질 수 있다. 제대로 실행만

된다면 가능하다. 작은 개선이 합쳐지기 위해서는 꾸준한 노력이 필요하다. 하지만 그 과정이 항상 직선형으로 이루어지지는 않는다. 때로는 1% 전진하고 2% 후퇴하는 것처럼 느껴질 수 있다. 하지만 이러한 작은 실천이 습관으로 자리 잡게 된다면, 결국에는 큰 변화를 경험하게 된다. 『아주 작은 습관의 힘』의 저자 제임스 클리어는 이를 다음과 같이 설명한다.

"습관은 자기 계발의 '복리 이자'다. 매일 1%씩 1년 동안 향상한다면 처음 시작했을 때보다 37배나 더 나아져 있을 것이다."

목표를 세웠다면, 그것이 아무리 하찮게 느껴지는 작은 목표라도 그 목표에 집중해야 한다. 1%의 개선을 목표로 하더라도, 그 과정을 자주 돌아보고 수정해 나가야 한다. 그래야 방향을 제대로 잡고, 더 나은 결과를 이끌어낼 수 있다.

이 과정을 통해 우리는 익숙한 안전지대를 벗어나 자신의 한계를 뛰어넘을 수 있다. 그 결과는 기하급수적으로 나타날 수 있으며, 1년 후에는 37배나 발전할 수 있다. 그러나 매일 1%씩 나빠진다면 1년 후에는 거의 아무것도 남지 않게 된다. 매일 1%씩 발전하거나 퇴보하는 것은 이론적이지만 우리의 삶에 시사하는 바가 크다.

작은 변화라도 긍정적인 개선은 우리가 구상한 미래로 데려다줄 수 있다. 반대로 작은 퇴보는 우리를 볼품없는 존재로 만들 수 있다. 작은 것에서 위대한 성취가 생겨나는 것은 자연의 이치다. 우리 모두 조금 더 나아질 수 있다.

적성을
잘 모르겠어요

　자녀들이 어떻게 하면 자신의 흥미와 적성에 맞는 직업을 찾을 수 있을까? 고등학생들은 진로 수업 시간에 흥미와 적성을 찾으라고 배운다. 그리고 흥미와 적성에 맞는 직업을 찾아보는 시간을 갖는다. 이 시간을 통해 학생들은 자신에게 적합한 직업을 찾기 위해 노력한다. 이러한 수업은 장래 진로를 위해 소중한 경험이 된다.

　흥미와 적성에 맞는 직업을 찾는 것은 매우 중요하다. 그런데 안타깝게도 이런 경험이 현실과 동떨어진 메시지를 전하고 있다. 원하는 직업을 위한 '준비'를 하라는 것보다, 자신에게 맞는 직업만을 찾으라는 수동적인 메시지를 주고 있는 것이다.

여러 전문가가 흥미 있고 적성에 맞는 직업을 찾으라고 조언한다. 그러나 흥미가 있고 적성에 맞는 직업을 찾으면 좋겠지만, 자신의 적성에 꼭 맞는 직업은 없다. 어떤 일을 잘하고 익숙하게 되면서 흥미가 생기고 적성이 맞는다고 생각할 뿐이다. 자신의 적성과 직업에 필요한 적성을 제대로 알기 어렵다.

개인의 상황에 따라 적성이 달라지기도 하고, 노력과 훈련 여하에 따라서도 적성이 달라진다. 직업의 본질은 생계유지, 즉 생존을 위한 경제활동이라고 생각한다. 따라서 직업을 찾을 때 흥미와 적성도 중요하지만, 무엇보다 미래의 구상과 욕망, 그리고 생존의 확률이 높은 것을 선택해야 한다.

직업도 시대의 상황과 인간의 욕망에 따라 부침을 거듭한다. 지금 학생들에게 제시되는 직업은 이미 과거의 직업이고, 앞으로 어떤 직업이 등장할지 모른다. 따라서 적성에 맞는 직업을 찾으라고 하기보다 원하는 분야의 일을 하기 위해 지금 어떤 '능력'을 키우고 적성을 만들어야 할 것인가를 생각하게 해야 한다. 하나의 검사에서 나온 흥미와 적성은 자기가 가진 흥미와 적성의 일부일 뿐이다.

하고 싶은 일은
자꾸 바뀐다

학생들을 상담하다 보면, 하고 싶은 것이 있다고 해도 그들의 꿈이 일시적일 때가 많았다. 자신은 ○○ 방향으로 공부하고 싶었는데 지금은 다른 방향의 공부를 하고 싶어졌다는 것이다. 그렇게 쉽게 하고 싶은 것이 바뀌는 것은 자연스러운 현상일 수도 있겠지만, 우려스러운 부분 또한 많다. 학생들에게 종종 물어보는 질문이 있다.

"왜 그 일을 하고 싶어요?"

많은 학생은 "그냥이요."라고 대답한다. 또는 어떤 사람이 말할 때 그것이 좋겠다고 생각했거나 여러 매체를 보면서 그런 일에 대한 동경이 생겨서라고도 한다. 물론 그런 동경이 강한 추진 동력을 일으켜 열심히 준비하는 경우도 있다. 그렇다면 좋은 일이지만 그렇지 않다면 생각해 볼 일이다. 그럴 때 나는 다시 질문한다.

"학생은 그것을 위해 지금까지 어떤 공부를 해왔어요?"

나의 이 질문에 많은 학생이 대답하지 못했다. 깊이 생각하지 않고, 그 일을 하기 위해서 어떤 공부를 해야 하는가에 대한 생각조차 해 본 적이 없는 것이다. 단순히 그 일을 하고 싶은 마음이 있으면 그 일을 할 수 있게 되는 것처럼 착각하고 있다. 아니면 진로 결정을 빨리해야 대학 입시에 유리하다는 말을 많이 들어서, 그냥 스쳐 지나가는 것을 보고 자신이 그것을 좋아한다고 생각했는지도 모른다.

미국 예일대학교의 스톨리 브로트닉 연구소가 1965년부터 20년 동안 예일대학교와 하버드대학교 졸업생을 조사한 자료가 있다. 자신이 좋아하는 일을 직업으로 선택한 17%의 졸업생들과 당장 돈을 많이 벌 수 있는 일을 직업으로 선택한 나머지 졸업생들을 추적 조사한 것이다. 결과적으로 자신이 좋아하는 일을 직업으로 선택한 경우가, 돈을 벌 수 있는 일을 직업으로 선택한 경우보다 백만장자가 된 경우가 훨씬 많았다고 한다.

이 연구 결과를 토대로 보면, 우리도 청소년들에게 자신이 좋아하는 일과 공부를 선택하라고 해야 할 것 같다. 그런데 미국의 예일대학교나 하버드대학교 졸업자들의 모집단은 우리가 생각하는 고등학생 수준과는 상당히 차이가 있다. 그들은 축적한 학습량도 많고, 학업 능력도 뛰어나다. 또한 많은 시간을 공부하면서 '어떤 일을 해야 할 것인가?'도 많이 고민했을 것이고, 대학 생활을 하면서 높은 통찰력도 길렀을 것이다. 그리고 하고 싶은 일을 위해서 관련된 공부도 했을 것이다.

그런 인재를 대상으로 한 연구 결과를 우리 청소년들에게 그대로 적용하는 것은 무리가 있다고 생각한다. 우리 청소년들은 그들처럼 지적 수준이나 역량이 높은 수준이 아닌 경우가 많다. 축적한 지식의 양도 적고, 사회적 경험도 부족한 미완의 학생들이다. 게다가 문장 이해력도 떨어진다.

그런 학생들에게 좋아하는 일만을 하라고 강하게 말하는 것은, 자칫 학생들의 인생을 잘못된 길로 안내하는 것일 수도 있다. 지금의 상황에서 하고 싶은 일을 하라고 하기에는 무리가 있다. 기본적인 학업 능력이나 기본적인 자격을 갖춘 후에 하고 싶은 일을 하라고 해야 한다. 지금은 준비하는 시기다.

내가 하고 싶은 일을 해도 생계에 문제가 없고, 생존에 지장이 없다면 하고 싶은 일을 하면 된다. 그렇지 않다면 하기 싫은 일도 해야 한다. 그래야 살아갈 수 있다. 진로는 평생을 살면서 상황에 따라 바뀌는데, 그 바뀐 상황이 내가 하고 싶은 일을 하게 되는 상황이 아닐 때가 더 많다. 그래도 그 일을 해야 한다. 그래야 다음 기회에 꿈을 실현하기 위해 다시 도전할 수 있다. 좋아하는 일을 할 기회를 찾을 수 있다.

진로는 하고 싶은 일을 찾는 것이 아니라, 생존이 우선이며 생존하기에 효율적인 길을 찾는 것이다. 하고 싶은 일은 나이나 주변 상황, 가족의 요구 등 여러 요소에 의해 바뀐다.

적성에 맞는 일을
찾고 있어요

2024년 2월 U 양의 어머니에게서 전화가 왔다. 딸의 진로에 대해 조언을 듣고 싶다는 것이다. 당시 딸은 지방대학 3학년에 재학 중이었다. 적성에 맞고 취업도 잘될 것이라는 생각에 진학했다는 것이다. 그 학과는 전국에 몇 안 되는 전공이라 취업 전망이 좋을 것 같다고 했다. 그런데 4학년이 되니 앞날이 불확실하고, 선배들의 취업도 생각보다 좋지 않았다. 자신은 본 대학, 학과를 졸업하고 연구원이 되고 싶었는데, 어떻게 할지 몰라서 상담을 요청한 것이다.

나는 U 양에게 연구원이 되고 싶다면 대학원에 진학할 것을 권유하며, 서울대 대학원을 비롯해 몇몇 대학의 대학원을 추천했다. 그녀는 서울대 대학원에 가길 원했고 그 대학원을 가려면 공인 어학 성적이 중요하기에, 텝스TEPS 영어 시험을 준비하라고 했다. 서울대 대학원은 지원 자격으로 일정 점수 이상의 TEPS 성적을 요구하기 때문이다.

그랬던 그녀가 1년이 지난 후에 다시 조언을 구했다. 자기 적성에 맞을 것 같아서 현재의 전공을 선택했지만, 지나고 보니 적성에 맞지 않는다는 것이다. 대학원에 진학해도 자신은 지방대학 출신이라 차별 대우를 받을 것 같다며, 1년 동안 공부해 서울에 있는 대학에 편입한 뒤 대학원에 진학하는 것이 어떻겠냐고 다시 물었다. 자신이 가고자 하는 대학 전공은 지금의 전공보다 적성에 맞을 것 같다는 말도 덧붙이면서.

결국 그녀는 적성이라는 기준에 맞춰 대학에 진학한다고 했지만, 현실적인 문제 앞에서는 생존에 초점을 맞춘 선택을 한 것이고, 또다시 생존에 맞춘 선택을 하려는 것이다.

대학생들 중에는 적성이라는 허울에 자신을 맞춘 U 양과 같은 경우가 많다. 현재 학교에서는 여전히 흥미와 적성을 강조하면서 사회적 변화나 직업의 다른 요소들을 간과하는 어리석음을 범하고 있는 경우가 많다.

흥미와 적성은 고정된 것이 아니라, 상황에 따라 가변적이다. 흥미와 적성은 어떤 일을 잘하게 되면 더 잘하게 되므로, 그 일에 흥미와 적성이 있는 것으로 나타난다. 개인이 처한 상황에 따라 생존하기 위해 발현되는 정도가 다르다. 흥미와 적성을 고민하는 시간에 실력을 키워야 한다. 노력이 축적되면서 성과가 나타나고 그 성과가 기회를 만든다.

M 군은 20대 후반이다. 고등학교 때 열심히 공부했지만, 원하는 대학에 진학하지 못했다. 2018년 국내 대기업에서 운영하는 지방의 한 사립대학의 컴퓨터, 전자통신 관련 학과에 입학했다. 그는 적성에 맞고 취업이 잘될 것이라는 생각에 그 전공만을 고집했다. 그 대학은 모 기업에 특채로 채용되는 트랙도 있어 취업 측면에서는 괜찮은 대학이었다. 그러나 2학년을 마치고 휴학했다. 전공이 자기 적성에 맞지 않는 것 같고, 서울에 있는 대학이 아니므로 나중에 사회생활에서도 여러모로 불리할 것 같은 생각이 들었던 것이다.

그는 1년을 휴학하고 서울에 있는 대학으로의 편입을 준비했다. 그러나 어느 대학에도 합격할 수 없었다. 편입의 기회를 놓친 그는 복학하지 않고 의류회사의 판매원으로 일하기 시작했다. 전공이 적성에 맞지 않기에, 적성에 맞는 일을 찾고 싶다는 이유에서였다. 하지만 판매원 일도 몇 달을 견디지 못하고 그만뒀다. 자기 적성과는 맞지 않는다는 이유에서였다.

M 군이 자기 적성에 맞는 일을 찾기보다, 하고자 하는 일에 자신의 능력을 맞추는 노력을 했다면 어땠을까? 그는 결국 자기 적성을 찾지 못했고, 그 적성에 맞는 일도 찾지 못했을 뿐만 아니라, 대학도 졸업하지 못했다. 지금도 그렇게 시간을 보내고 있다.

최근에 컴퓨터 관련 사업을 하는 교사 출신 사업가를 만났다. 그는 나에게 사람을 구해 달라고 요청했다. 프로그램을 관리할 사람이 부족하다는 것이다. 연봉을 물었더니 최소 4,000만 원에서 7,000만 원까지 개인의 능력에 따라 지급한다고 했다. 어느 학교를 졸업해야 하는지에 대한 제한 조건이 있는지 묻자, 자신의 업계에서는 학교가 그리 중요하지 않다고 답했다. 회사에서 요구하는 직무를 제대로 잘할 수만 있으면 된다는 것이었다. 그의 말을 들으면서 M 군이 원래 다니던 학교를 제대로 졸업만 했다면 이런 일자리를 얼마든지 구할 수 있었을 것이라는 생각이 들었다.

자신의 '적성'에 맞는 일자리를 찾는 것도 중요하지만, 하고자 하는 일에 대한 해낼 수 있는 능력만 키워 놓는다면 일자리는 쉽게 구할 수 있다. 그 후에 그 경험을 바탕으로 하고 싶은 일, 즉 적성에 맞는 일을 찾을 수 있다. 그러나 어떤 일도 제대로 해내지 못하는, 준비되지 못한 상태로 자기 적성에 맞는 일만 찾으려 한다면, 결국 시간을 허비하게 될 것이다. 적성에 맞는 일을 찾으려는 노력으로, 지금 하는 일에서 역량과 두각을 나타내라. 그러면 일자리의 기회가 생길 것이고, 그 자리를 기반으로 하여 새로운 일에 충분히 도전할 수 있다.

『돈의 속성』의 김승호 저자는 대학이나 기업, 시민을 대상으로 강연을 많이 한다. 그가 강의할 때마다 많은 대학생을 포함하여 청중들이 하는 질문이 있다고 한다. '잘하는 것을 할 것인가? 좋아하는 일을 할 것인가?'이다. 질문에 대한 그의 대답은 항상 똑같다.

"잘하는 것과 좋아하는 것을 구분하는 것은 의미가 없습니다. 대학생이라면, 젊은이라면 잘하는 것 좋아하는 것을 떠나서 돈 버는 일을 해야 합니다."

즉, 자신이 이 세상에 존재하는 것을 스스로 증명해 내야 한다는 것이다. 돈을 잘 벌면 좋아하는 일을 할 수 있기에 그렇다. 그리고 돈을 잘 벌면 그 일을 잘할 수 있기 때문이다. 적성을 찾는 것도 중요하지만, 돈을 잘 벌 수 있는 일을 하는 것이 더 중요하다는 것이다.

젊을 때 돈을 버는 것은 남은 인생의 마중물과 같은 것이라고 했다. 마중물이 없으면, 펌프에서 물을 퍼 올릴 방법이 없다. 젊을 때 돈을 벌지 못하면 나이가 들어도 돈을 제대로 벌 수 없다. 그렇기에 젊음을 즐기는 것도 좋지만, 젊은 나이에 돈 버는 일을 해야 한다. 좋아하는 일을 찾고 적성을 찾는 시간에 실력을 키워

경제적으로 자립할 수 있도록 해야 한다. 경제적으로 자립하면 좋아하는 일도 할 수 있고, 잘하는 일을 취미나 부업으로도 할 수 있다.

적성검사는
참고자료일 뿐

나는 직업 적성을 위한 여러 검사를 해 보았다. 그중에는 홀랜드^{Holland} 직업흥미유형 검사, DISC 성격유형 검사, 프레디저^{Prediger} 경력설계 검사, 지문적성 검사 등이 있다. 지문적성 검사는 선천적인 능력을 알아보는 것이고, 나머지는 후천적인 영향을 고려한 검사들이다. 그러나 이러한 후천성을 측정하는 검사들의 신뢰도가 그리 높지 않다고 생각한다. 검사 당시의 상황이나 검사자의 상태에 따라 결과가 달라질 수 있기 때문이다. 따라서 그 결과는 단순히 참고용일 뿐, 하나의 검사 결과만으로 학생을 온전히 이해하기는 어렵다. 그럼에도 불구하고 학생과 교사들 가운데 이러한 검사 결과를 맹신하는 경우가 많다.

학생들이 할 수 있는 진로 및 직업 관련 검사는 커리어넷이나 서울시 교육청 등 다양한 기관에서 다양하게 제공한다. 그중에서도 가장 많이 활용되는 것이 홀랜드 직업흥미유형 검사다. 이 검사는 6가지 성격 유형과 직업 유형으로 나뉘며, 각각 현실형 [R], 탐구형[I,] 예술형[A], 사회형[S,] 기업형[E], 관습형[C]으로 분류된다. 이 중에서 높은 점수를 받은 2가지 유형으로 직업의 흥미를 말해 준다.

나는 ESARIC 순으로 점수가 나와 ES형으로 분류되었다. 그 결과를 보면서 내게 ES 유형에 맞는 직업을 선택하는 것이 좋다고 하였다. 그러나 과연 이것이 '정답일까?' 하는 의문이 들었다. 검사 결과에 따라 특정 행동을 선택하고 그에 맞는 직업을 찾아가는 자신을 보면서, 나의 미래 역량이 이 검사로 인해 제한되고 있다는 생각이 들었다. 다른 검사에서도 마찬가지였다. 학생들과 상담하면서도 학생들이 검사 결과에 자신을 억지로 맞추는 모습을 자주 보았고, 이는 여러 문제를 야기할 수 있다는 우려가 들었다.

나아가, 다양한 검사 도구들이 있다고 해도 그 결과가 현실에서 얼마나 실질적으로 효과가 있을지는 의문이다. 검사에서 제시하는 직업은 종종 과거의 직업에 집중하는 경향이 있으며, 직업 속성을 지나치게 단순화해 오류가 발생할 수 있다. 예를 들어, '경찰'이라는 직업은 다양한 세부 직무를 포함하지만, 검사는 이를 하나의 유형으로 나누고 있다. 직업은 여러 속성의 집합체로 봐야 하는데, 검사에서는 이런 복합적인 면을 충분히 반영하지 못하고 있다.

또한 학생들이 검사 문항을 제대로 이해하지 못하고 대충 답하기도 한다. 나 역시 검사 감독을 할 때, 많은 학생이 단어의 뜻을 몰라 마음대로 답하는 것을 보았다. 이런 결과를 과연 얼마나 신뢰할 수 있을까? 심지어 모든 문항에 동일한 답을 표시하는 학생도 있었다. 게다가 점수가 높은 부분만 해석하는 경향도 문제다. 실제로는 점수가 낮거나 나오지 않은 부분이 그 직업에 중요한 영향을 미칠 수 있는데, 이에 대한 해석은 부족하다. 또한 모든 유형에서 비슷하게 나온 학생은 단지 상위 두 유형만을 기반으로 해석되는데, 이는 잘못된 결과를 낳을 수 있다.

나의 직업흥미유형 검사에서는 C가 거의 1~2점을 나타냈다. 이 낮은 점수가 무엇을 의미하는지, 어떤 영향을 나타내는지 전혀 몰랐다. 뒤늦게 친분이 있는 심리학 교수님의 설명을 듣고 이해할 수 있었다. 그런데 대부분의 학생은 그런 설명의 기회 없이 단순히 검사 결과만을 받아들이고, 그 결과에 맞추려 하거나 자신이 그럴 것이라고 생각할 뿐이다.

따라서 나는 이러한 검사 결과를 참고 자료로만 활용할 뿐, 그것이 학생에게 맞는 직업이라고는 말하지 않는다. 학생에게 맞는 직업은 검사 결과에서 나오는 것이 아니라, 학생 자신이 인생을 살아가면서 어떤 삶을 꿈꾸고, 어떤 가치를 추구하며, 사회에 어떤 기여를 하고 싶은지에 달려 있다. 현실에서는 적성 검사에 완벽히 일치하는 직업이 존재하지 않으며, 적성 검사 결과에 맞는 직업을 찾는 일도 쉽지 않다.

나는 종종 다음과 같은 의문이 들곤 한다.

'학생들에게 흥미와 적성에 맞는 일을 찾으라고 가르치는 사람들은, 과연 자신이 하는 일이 흥미와 적성에 맞아서 선택한 것일까? 아니면 생계를 위해 선택한 것일까? 흥미와 적성에 맞는 일을 찾은 사람은 정말 행복할까? 그렇지 못한 사람은 불행할까? 적성에 맞는 일을 찾지 못한 사람은 불행할까?'

사회에서 만난 직장인 중 적성에 맞는 직업을 가진 사람은 드물었다. 대부분이 원하는 직업이 있었지만, 현실적인 이유로 지금의 일을 선택한 것이다. 시간이 지나면서 그 일에 익숙해지고 적성에 맞는다고 느끼게 된 사람도 있었으며, 자부심을 가지고 즐겁게 일하는 경우도 있었다. 반면, 적성에 맞지 않더라도 가족을 부양하고 생계를 위해 만족하며 자부심을 갖고 일하는 사람도 많았다. 그들에게 적성에 맞는 일이 생긴다면 직장을 옮길지 물었을 때, 대부분 수입이 더 많지 않다면 지금의 직장을 계속 다니겠다고 했다. 결국 적성보다 생계와 가족 부양이 더 중요하다는 것이다.

또한 의사, 변호사, 판사 등 인기 있는 직업을 가진 이들이 모두 적성에 맞아서 그 길을 택한 것일까? 아닐 것이다. 경제적 안정과 사회적 지위, 그리고 자신이 그리는 미래의 모습을 위해 그 직업을 선택한 것이다. 적성보다 더 중요한 것은 미래에 대한 비전과 그것을 이루기 위한 자격을 갖추는 것이다. 적성은 그 과정에서 찾을 수 있다. 『열정의 배신』의 저자 칼 뉴포트 교수는 이렇게 강조했다.

> "하고 싶은 일을 좇을 것이 아니라, 지금 하고 있는 일에서 능력을 최대한 키워야 한다. 그것이 커리어 자산Career capital이다. 커리어 자산이 쌓이면 그것이 개인의 특화된 강점이 되어 새로운 일을 만들어낼 수 있다. 열정을 좇기보다는 열정이 따라오게 하라."

실력이 출중해지면 그 분야에서 재미를 느끼고, 그 일이 점점 즐거워진다. 따라서 흥미와 적성에 맞는 직업을 찾아야 한다는 압박감을 가질 필요는 없다. 적성은 시간이 지나면서 만들어지기도 하며, 적성에 맞지 않더라도 그 일에서 성과를 내고 보람을 느낄 수 있다. 적성을 모르고 직업을 선택했다고 해서 실패하는 것이 아니다. 중요한 것은 미래를 구상하며 그것을 이루기 위한 자격과 실력을 갖추는 것이다. 그렇게 준비된 사람은 어느 분야에서든 자신의 길을 찾아갈 수 있다.

자녀의 꿈을
키워 주는 방법

많은 청소년이 자신의 진로를 결정할 때 우연히 만난 사람이나 경험의 영향을 받는다. 노력보다는 우연에 의해 그렇게 된다. 우연한 만남과 사건으로 자신의 진로를 선택하고 결정하는 경우가 많다. 미국 심리학자 존 크럼볼츠는 우연한 사건에 의해 진로가 결정된다고 했다. 우연히 찾아오거나 맞닥뜨린 기회의 경험을 '계획된 우연Planned happenstance'라고 한다. 우연은 개인의 진로에 영향을 미치는 요인 중에서 종종 간과되지만 사실 매우 중요한 요소이다.

크럼볼츠는 '계획된 우연'을 사회학습 진로 이론에 포함시켜 '우연 학습이론Happenstance learning theory'으로 발전시켰다. 그는 사람의 진로에 영향을 미치는 중요 요인은 개인이 타고난 유전적 재능, 환경적 조건과 사건, 도구적 학습 경험과 연상적 학습 경험 등의 학습 경험, 유전과 환경 학습 경험이 상호작용한 결과로 과제접근 기술 등이다. 즉, 한 사람이 살면서 마주치는 모든 요소가 진로에 영향을 미칠 수 있다는 것이다. 나는 많은 청소년을 가르치고 상담하면서 그들의 진로가 정말 우연히 결정되는 것을 많이 경험했다.

2019년 겨울, 선배의 아들 C 군을 만난 적이 있다. 그는 지방 소도시 일반고에서 최우수 성적을 받으며 의대에 진학하는 꿈을 갖고 있었다. 그에게 왜 의사가 되려고 하는지를 물었다. 대답은 간단했다. 의사가 멋있어 보였기 때문이란다. 그의 부모님은 소도시에서 사업으로 부와 명예를 쌓았는데 주변 의사들과 교류가 잦았다. 이런 환경으로 그는 자연스럽게 의사 직업에 친밀감을 가질 수 있었으며 의사가 되고자 결심한 것이다.

2020년 봄, 서울의 특목고 재학생 M 양과 상담했다. 그녀는 엔터테인먼트 회사에서 일하고 싶다고 했다. 나는 왜 엔터테인먼트 회사에서 일을 하고 싶은지 물었다. 그녀의 답은 간단했다. 여러 TV 프로그램과 SNS에서 연예인들을 접했는데, 연예인이 성공할 수 있도록 돕는 일을 하면 좋겠다는 소망을 갖게 됐다는 것이다.

C 군과 M 양의 진로는 생활하면서 우연히 마주친 사람과 자

신이 접한 문화에 따른 결과였다. 만약 C 군의 부모가 의사들과 교류가 없었다면 그는 의사가 되고자 하는 꿈을 꾸지 않았을지도 모른다. M 양이 TV를 즐겨 보지 않았다면 엔터테인먼트 회사를 꿈꾸지 않았을 것이다.

학생들 가운데 우연히 만난 사람에 의해 꿈이 영향을 받는 경우가 많다. 자신들이 접하는 환경의 영향을 받아 진로를 결정하므로, 부모는 자녀에게 어떤 환경을 설정하고 제공할 것인지, 어떤 만남을 경험하게 할 것인가를 고민해야 한다. 학교, 학원, 가정이라는 단순한 굴레에서 벗어나 다른 환경을 경험하게 해야 한다. 여행이나 독서도 좋고 자신보다 지적·문화적 측면이 높은 사람들과 대화하는 것도 추천한다.

미항공우주국^{NASA}에 근무하는 선임 연구원 선배가 있다. 워낙 유명하여 우리나라 우주항공청장으로 모시려고 했던 분이다. 그가 우리나라를 방문했을 때, 과학반 아이들을 위한 특강을 요청한 후, 일정이 없는 날을 잡아 집으로 식사 초대를 했다. 그때 우리 아이들이 어렸지만 함께 밥을 먹으면서 많은 이야기를 할 기회를 가질 수 있었다.

아이들은 성장하면서 어디에 노출되는가에 따라 자신이 생각하는 미래의 경계와 넓이가 달라진다. 이런 접촉과 노출은 학교 성적 몇 점을 올리는 것보다 훨씬 유익하다. 자녀가 단순히 성적만 잘 받으면 좋은 진로를 선택하여 성공의 길로 갈 것이라고 막연히 생각해서는 안 된다. 학생들은 우연히 접촉한 사람이나 경험으로도 진로를 결정할 수 있다. 자녀가 원하는 분야의 성공자나 전문가와 함께 만날 기회를 주는 것이 좋다. 부모의 평범한 일상에서 그런 기회를 만들 수 있다면 더할 나위 없다. 그런 여러 경험이 진로를 선택하는 데 좋은 영향을 준다. 자주 보면서 익숙해지면 당연히 그것을 해야 하는 것으로 받아들일 수 있다. 이것은 주변 환경의 힘이다.

부모는 자녀가 자라는 환경을 좀 더 신경을 쓸 필요가 있다. 자녀들이 학교와 학원, 집이라는 트라이앵글을 벗어날 수 있는 경험을 제공하고, 교과서를 넘어 지식인들과의 만남에도 신경을 써야 한다. 많은 사람과의 여러 경험은 자기의 잠재의식에 내재한 욕구와 맞아떨어지면서 진로에 대한 고민에 깊이를 더할 수 있다.

학생들이 많이 접촉하는 것이 무엇이고 누구인가를 알면 그들의 진로를 예측할 수도 있다. 또한 부모가 자녀를 어떤 환경에 '노출하는가'에 따라 자녀의 꿈과 미래는 그 방향으로 흘러가기도 한다. 이는 훌륭한 자녀의 진로코칭이다. 서구의 최상위 그룹에서는 공부도 중요하지만 사람과의 만남과 연결을 통해 자연스

럽게 녹아 들어가 그 집단의 일원이 되도록 하는 커뮤니티도 중
요하게 여긴다.

꿈은 미래의 삶을
구상하는 것이다

2023년 6월, 대학 수험생 J에게 물었다. "너의 꿈이 무엇이
니?" 그는 "의사요"라고 대답했다. 나는 다시 물었다. "아니, 직
업 말고 너의 꿈이 뭐냐고?" 그는 의아한 표정으로 "제 꿈은 의
사가 되는 거예요."라고 답했다. J는 내가 무엇을 묻는지조차 이
해하지 못하는 듯했다.

나는 청소년 진로를 지도할 때, '꿈'은 자신이 누리고 싶은 삶
의 수준이라고 정의한다. 꿈은 단순히 직업이 아니라, 경제적 수
준을 포함해 어떤 사람과 어울리고 어떤 일을 하며 살 것인지,
어디에 살고 싶은지, 취미와 가족 구성, 그리고 어떤 가치를 추
구하며 살아갈 것인지를 포함한다.

이런 삶을 상상하는 것이 바로 꿈이다. 그러한 삶을 누리기 위
해 필요한 경제적 여유와 적합한 직업을 생각하고, 그에 걸맞은
노력을 하는 것이 꿈을 찾아가는 과정이다. 직업은 그 꿈을 실현
하는 도구이고, 대학과 전공은 그 도구를 만드는 과정이다. 따라

서 대학과 전공에 너무 집착하지 말라고 말하고 싶다. 대학 진학과 전공 선택은 꿈을 이루기 위한 하나의 과정이므로 언제든지 바꿀 수 있다.

고등학교 졸업 후 바로 대학에 진학해야 한다는 고정관념도 버리자. 꿈을 직업으로 한정하면 대학과 전공에 과도하게 집착하거나, 반대로 등한시할 수 있다. 청소년 시기에 미래를 구체적으로 구상하지 않은 상태에서 대학과 전공만을 생각하는 진로 결정은 매우 위험할 수 있다. 빠르게 변화하는 세상에 적응하지 못하고 과거에 머물러 있을 수 있기 때문이다. 한 친구는 학부에서는 수학을 전공했지만, 대학원에서는 토목공학을 전공했다. 서양에서는 인문학과 이공계를 함께 공부하는 사람도 많다. 진로는 유연하게 바뀔 수 있는 것이다.

J는 처음엔 미래를 구상하는 것을 어려워했다. 단순히 '대학과 직업을 선택하는 것이 진로'라고 생각했기 때문이다. 그러나 내가 미래를 구상하는 법을 설명해 주자, 그녀는 자신이 누리고 싶은 삶을 상상하기 시작했다. 지금의 집보다 넓고, 한강 주변에 살고 싶다고 했다. 반려견을 두 마리 키우고, 전문직 남편과 함께 살며, 워킹맘으로서 두 아이와 고급 승용차를 타고 휴가를 다니고 싶다고 했다. 매년 세계적인 관광지로 떠나는 것도 꿈꿨다.

상담하면서 그녀의 표정이 점점 밝아졌다. 그녀는 자신이 원하는 삶을 실현하기 위해 어떤 대학에 가야 할지, 무엇을 공부해야 할지 더 잘 알게 되었다고 한다. 그리고 그 삶을 위해 노력하겠다고 결심했다. 나중에 그녀는 의대가 자신의 최종 목표가 아니라는 것을 깨달았다. 의사가 되고 싶었던 이유는 어머니의 기대에 부응하고 싶었고, 경제적으로 안정된 직업이기 때문이다. 그러나 의사 외에도 경제적으로 성공할 수 있는 직업이 많다는 것을 알게 되었다. 나는 학생들에게 종종 말한다.

"꿈을 하나의 직업으로만 한정하지 마라. 꿈은 미래를 구상하는 것이다. 어느 정도의 경제력을 갖추고, 누구와 살며, 어떤 삶의 질을 가질 것인가 등 자신의 미래 모습을 생생하게 그려 보는 것이 꿈이다."

많은 고등학생과 대학생은 꿈을 직업으로 생각한다. 꿈이 뭐냐고 물어보면, 그들은 자신의 꿈을 정확히 설명하지 못하거나, 직업을 꿈이라고 말하는 경우가 많다. 꿈은 단순히 직업이나 전공을 넘어선다. 인생의 긴 여정에서 꿈은 그것들보다 더 큰 가치와 의미를 가져야 한다.

변리사 H의
꿈

"생계를 해결할 수 있으면 꿈을 이룰 수 있다."

이것은 친구 H의 주장이다. 그는 변리사로 국가 기술고등고시에 합격해 특허청에서 근무하다가 현재는 개인 특허 법률사무소를 운영하고 있다.

그는 집안 형편이 어려워 중학교를 중퇴한 뒤 공장에서 일해야했고, 중학교와 고등학교 과정은 모두 검정고시로 통과했다. 그러나 대학 등록금을 마련할 형편이 되지 않았기에 그는 전액 장학금을 주는 대학을 선택할 수밖에 없었다. 실업전문대학 전기과에 진학해 전액 장학금을 받으며 대학교에 다녔다.

열심히 공부한 덕에 '00전력' 입사 시험에 합격했다. 하지만 그는 더 공부하기 위해 과감히 입사를 포기했다. 서울의 유명한 H대 전기공학과 3학년에 편입했다. 열심히 공부한 덕분에 H공과대학교에서의 전공 공부는 비교적 수월했고, 시간을 내어 '국가 기술고등고시' 준비를 시작했다. 편입한 첫해 그는 기술고시 1차와 2차에 모두 합격했다. 편입 후 10개월 만에 이룬 놀라운 성과였다. 기술고시에 합격한 후, 그는 특허청에서 일하기 시작했고, 더 공부하고자 KAIST에 진학해 석사 학위를 받았다. 이후 특허청에서 중요한 업무를 수행한 뒤 퇴직해 세계적인 기업 I00에서 10년간 근무했다.

친구 H는 잘 알려지지 않은 전문대에 진학했지만, 이를 발판으로 삼아 최선을 다해 자신의 꿈을 이루었다. 그의 첫 번째 꿈은 단순히 배고픔을 해결하는 것이었고, 등록금을 걱정하지 않는 상황을 만드는 것이었다. 그 후 더 나은 삶을 위해 대학원 진학을 목표로 삼았다. 그는 생계를 해결하기 위해 검정고시를 치렀고, 전액 장학금을 받기 위해 전문대를 선택했다. 그 후에 더 공부하고 싶어 4년제 대학에 편입했으며, KAIST에서도 공부했다.

모든 것이 처음부터 계획된 것은 아니었다. 그저 눈앞의 어려움을 극복하기 위해 최선을 다해 공부했을 뿐이다. 그에게 정확한 적성이나 흥미는 중요하지 않았다. 그것을 고려할 여지가 없었다. 현재 닥친 문제를 해결하는 것이 급선무였고, 그것은 가난을 벗어나서 경제적으로 안정된 삶을 유지하는 것이었다. 제대로 알지 못한 상태에서 선택한 전공이었지만, 그는 최고가 되기 위해 노력했고, 그 노력이 결실을 맺었다.

그는 현실적인 문제를 해결할 수 있는 능력을 갖추는 것이 꿈을 이루기 위한 첫걸음이라고 강조했다. 엉뚱한 곳에 시간과 돈, 에너지를 낭비하지 않았으면 좋겠다고도 했다.

세상은 공정하지도
만만하지도 않아

공평과 공정은 좋은 의미를 담고 있다. 하지만 이를 자신에게 항상 그대로 적용되길 기대하는 것은 삶에 큰 도움이 되지 않는다. 자본주의 사회에서 공평과 공정은 단순한 원칙을 넘어, 여러 복합적인 요소에 의해 좌우되기 때문이다. 자본, 사람들과의 관계, 같은 부류를 선호하는 태도 등이 공평과 공정의 기준이 되는 때가 많다. 민주주의 사회에서는 다수결이 중요시되기 때문에 소수가 생각하는 공평과 공정은 자주 무시될 수 있다. 심지어 그 소수의 의견이 사회에 더 중요한 가치를 지니더라도 말이다.

사람마다 원하는 공평과 공정의 기준은 다를 수밖에 없다. 각자의 필요와 상황이 다르기 때문이다. 그래서 우리가 교과서에서 배운 공평과 공정은 실제 사회에서는 드물게 적용된다. 법 앞에서 모두 평등하다고 하지만 억울한 사람도 생긴다. 사회는 정보와 부의 불균형으로 인해 이미 기울어진 운동장처럼 불평등한 상태다.

만약 공평과 공정한 대우를 받고 싶다면, 스스로를 발전시켜야 한다. 타인이 나를 공정하게 평가하기를 바란다면, 내가 그런 평가를 받을 만큼 준비하고 노력해야 한다. 공평과 공정에 기대기보다는, 그 기준에서 희생자가 되지 않도록 준비하는 것이 중요하다. 자신을 증명하면 기울어진 기준에서도 어느 정도 벗어날 수 있다.

『성경』에 나오는 「누가복음」 19장 11~27절에는 공평과 공정의 사례가 될 만한 주인과 종의 이야기가 나온다. 이야기 속 주인은 길을 떠나기 전에 열 명의 종에게 똑같이 은화를 나눠 주며 장사를 맡겼다. 모든 종에게 동일한 기회를 줬기 때문에 공평한 대우였다. 시간이 지나고 돌아왔을 때, 주인은 그 종들이 얼마나 '이익'을 남겼는지를 보고 평가하였다.

한 종은 은화 한 개로 열 개를 더 벌어 주인에게 큰 이익을 안겨 주어, 주인은 그에게 열 고을을 다스릴 권한을 주었다. 또 다른 종은 다섯 개를 남겨 다섯 고을을 받았다. 그러나 마지막 종은 받은 은화를 장사하지 않고 수건에 싸둔 채, 주인을 욕심 많고 가혹한 사람이라고 핑계를 대며 자신이 아무것도 하지 않은 이유를 변명했다. 그 종은 주어진 은화마저 빼앗기고, 그 은화는 열 개를 남긴 종에게로 돌아갔다. 주인의 기준은 공평했으나, 성과에 따라 결과는 다르게 나타났다.

이 이야기처럼 자본주의 사회에서도 노력한 만큼 성과를 내면 더 큰 보상을 받을 수 있다. 반면, 기회를 놓치거나 노력하지 않으면 가진 것마저도 잃을 수 있다. 학교에서 배우는 공평과 공정은 현실에서 극히 드물게 적용되며, 세상은 결과에 따른 보상이 주어지는 구조로 되어 있다. 세상이 요구하는 공평과 공정은 우리가 학교에서 배운 것과는 다르다. 그렇기에 우리는 자신을 입증하고 그에 맞게 보상받을 준비를 해야 한다.

나는 할 수 없다는 두려움

학생들이 힘들어하는 가장 큰 문제는 '나는 할 수 없다'라는 두려움이다. 이 두려움은 성장하면서 성적 평가와 비교 속에서 생기고, 부모와 교사들이 알려 준 객관적인 사실에 바탕을 두고 있어 쉽게 사라지지 않는다. 이러한 두려움은 청소년들에게 불행의 시작점이 되기도 한다.

정신과 전문의 김현수 박사는 저서 『공부상처』와 『무기력의 비밀』에서 청소년들이 느끼는 두려움의 원인으로 '공부 상처'를 언급한다. 그는 공부 상처를 관계, 돌봄, 과잉, 역할, 노력, 평가, 실행의 7가지로 나누었다. 이런 상처들은 청소년들에게 무기력감을 주고, 실패할 것이라는 두려움을 키운다. 청소년들은 '원하는 만큼 잘할 수 없어', '다른 사람들보다 잘하지 못할 거야', '나는 실패할 거야'라는 생각에 빠져 불안감, 무능감, 외로움과 싸우며 살아간다. 이는 부모와 교사가 모르는, 아이들이 감당해야 하는 힘든 싸움이다. 그래서 우리는 청소년들이 두려움 없이 성장할 수 있도록 도와야 한다.

그가 제시한 7가지 공부 상처와 해결 방법은 다음과 같다.

① **관계의 상처**: 어른과의 관계에서 상처받으면 공부를 하지 않는 경우가 많다고 한다. 그러나 관계가 회복되면 공부 태도도 변한다. 아이들은 자신이 존중받지 못한다고 느끼면, 상처를 받기 쉽다. 부모는 성적과 미래에 대해 자녀를 평가하기보다는, 자녀의 인격을 존중하는 것이 중요하다. 인간은 나이에 관계없이 모두 자신이 존중받기를 원하는 존재이기 때문이다.

② **돌봄의 상처**: 아이가 부모나 교사로부터 필요한 돌봄을 받지 못하면 공부의 세계를 아예 경험하지 못한다. 부모가 아이의 학습에 관심을 보이고, 함께 작은 계획을 세우는 것부터 도와줘야 한다. 어릴 때부터 "네 인생이니 네가 알아서 해."라고 말하는 것은 옳지 않다. 부모가 원하는 방향으로 이끄면서도 자녀가 자신감을 가지고 선택할 수 있도록 작은 것부터 함께 고민하고 이끌어 가야 한다. 부모가 자녀를 어떤 방향으로 키우고 싶은지를 알게 하는 것은 매우 중요하다. 아울러 자녀가 부모의 돌봄을 받고 있다고 느낄 수 있게 하는 것도 중요하다.

③ **과잉의 상처**: 부모의 과도한 기대와 간섭으로 인해 아이는 만성적인 학습 피로를 겪을 수 있다. 공부를 스스로 선택하지 않고 부모가 시키는 대로만 하게 되면 아이는 지치고 의욕을 잃는다. 그저 로봇이나 아바타처럼 부모가 하라는 대로 움직일 뿐이다. 이때 부모는 아이와 충분히 대화하고, 자율성을 주는 것이 필요하다. 부모가 대화를 시도할 때, 미리 결정을 내리고 아이의 동의를 구하려 해서는 안 된다. 원점에서 대화를 시작해야 한다. 부모의 욕심을 내려놓고, 아이의 생각과 감정을 존중하는 것이 중요하다. 쉽지는 않지만, 충분히 가능하다.

④ **역할의 상처**: 목표가 없는 아이들은 스스로 자신의 역할을 찾지 못한 경우가 많다. 부모는 자녀가 작은 성취를 통해 공부의 재미를 느끼고, 성취감을 가질 수 있도록 도와줘야 한다. 큰 목표보다는 가까운 시간 안에 성취할 수 있는 작은 목표를 함께 설정하고, 그 성취를 격려하는 것이 중요하다. 이렇게 하면 자녀는 더 노력하겠다는 의지를 다지게 되고, 그 과정에서 행복감을 느낄 것이다. 자녀에게 자율성을 주고 그 성장을 인정할 때, 이러한 긍정적인 변화는 가능해진다.

⑤ **노력의 상처**: 노력해도 결과가 좋지 않으면 아이들은 자신감을 잃는다. 자존감이 낮아지고 대인관계의 질도 나빠질 수 있고, 고립감을 느낄 수도 있다. 이러한 아이들에게는 지금 당장 작은 성공 경험을 통해 자신감을 회복하는 것이 필요하다. 작은 성공에 대해 부모가 적절하게 칭찬하는 것도 중요하다.

⑥ **평가의 상처**: 평가에 민감한 아이들은 항상 부담과 긴장감 속에 살아간다. 실패에 대한 두려움 때문에 도전을 꺼리게 된다. 자신이 성장할 수 있다는 생각보다 좋은 평가를 받아야 한다는 것에 초점을 맞춘 선택과 행동을 주로 한다. 이때는 아이가 힘들어하는 부담감을 어른이 수용하고 인정해야 한다. 그리고 평가

를 두려워하지 않고, 과정 자체를 즐길 수 있도록 심리적 안정감을 주는 환경을 제공해야 한다.

⑦ **실행의 상처**: 실행의 상처를 가진 아이들은 하고 싶은 일은 있지만, 그것을 실행하지 못한다. 겉으로는 꿈도 동기도 없어 보인다. 쉽게 말해서 하고 싶은 일도 없고 의욕도 없는 아이들이다. 어른들은 아이가 꿈도 없고 노력도 하지 않는다며 쉽게 비난하지만, 사실 아이들은 강한 생존 본능과 동기를 가지고 있다. 부모는 아이의 생존 욕구를 존중하며, 아이가 스스로 실행할 수 있도록 돕는 것이 중요하다.

출처: 『공부상처』, 에듀니티

아이들에 대해 어른들이 착각하는 것이 있다. 아이들 일부는 꿈이 없거나 동기가 없다고 판단하는 것이다. 아니다. 아이들 모두 꿈이 있고 동기가 있다. 그 꿈은 생존하고 싶은 꿈, 즉 남들보다 더 좋은 삶을 살거나 최소한 남들과 비슷한 수준의 삶을 유지하고 싶은 꿈이 있다. 동기도 있다. 잘살고 싶고, 그렇게 되고 싶은 동기다. 다만, 자신의 욕구가 억압받거나 수용받지 못하는 경험이 쌓이면서, 그저 마음이 편한 쪽으로만 행동하다가 지금의 모습이 된 것이다.

그 아이의 생존 욕구를 건드려 주면 아이는 움직인다. 뭔가를 실행할 것이다. 하지만 아이의 생존 욕구를 건드릴 때 조심할 것이 있다. 아이는 한 번에 움직이지 않는다. 그동안 쌓였던 것이 쉽게 깨지지 않는 껍질이 되어 그 아이를 가두고 있기 때문이다. 아이를 보는 시각을 바꾸고, 아이가 스스로 껍질을 깨뜨리고 나오도록 해야 한다. 『이솝 우화』에서 따뜻한 햇볕이 길을 가는 나그네의 옷을 벗긴 것처럼, 부드럽고 자연스러운 방식이 때로는 강압적인 방법보다 더 효과적일 수 있다.

도전을 거부했던
제자 W

제자 W는 서울에 있는 우리나라 최고 명문 사립대인 K대학 의공학부에 논술로 합격한 학생이다. 나는 고등학교 3학년 때 그의 담임이었다. 그는 매우 성실한 학생이었고, 자신이 원하는 대학에 가기 위해 최선을 다했다. 하지만 그는 늘 자신이 부족하다고 생각했다. 자신감 부족으로 스스로 한계를 짓고 도전을 두려워했다.

수시 원서를 쓰던 날, 나는 그에게 수시 원서 6장 중 한 장을 서울대에 넣어 보라고 권했다. 하지만 그는 자신이 서울대에 갈 재능도 능력도 없다며 K대학에 합격하는 것이 최고의 목표라고 말했다. 결국 그는 논술로 어렵게 K대학에 합격했다. 흔히 말하는 '문 닫고 들어간' 경우였다. 2021년 3월 5일, 그에게서 연락이 왔다. 그가 보낸 글에는 이렇게 적혀 있었다.

"선생님 안녕하세요! W입니다. 다름이 아니라 제가 올해 여름에 캐나다 OO대학교 의생명 물리학, 의료 인공지능 전공 박사 과정으로 유학을 가게 되었습니다. 운이 좋게도 풀 펀딩 오퍼를 받아 경제적 부담을 덜었습니다. 고등학교 3학년 때 선생님께서 서울대에 지원하라고 하셨는데, 그때는 도전이 두려워서 결국 지원조차 하지 않았습니다. 하지만 선생님께서 제게 주신 도전 정신 덕분에 이번 박사 과정에 도전할 수 있었고, 좋은 결과를 얻게 되어 이렇게 연락드립니다."

나는 그 소식을 듣고 정말 기뻤다. 제자가 두려움을 극복하고 더 나은 인생을 개척했다는 사실에 감동하였다. 그는 고3 때 서울대학교에 도전하지 않았던 것을 크게 후회했다고 한다. 그 후로는 자신이 하고 싶은 일과 할 수 있는 일에 대해 두려움을 이기기 위해 이런저런 노력을 했으며, 그런 도전과 노력 덕분에 지금의 좋은 결과를 얻을 수 있었다고 했다.

대학에 진학한 후에, W는 자기 수준으로는 도저히 할 수 없을 것 같았던 Y 대학병원과 S 대학병원의 인턴 연구원 자리에 과감히 도전해 기회를 얻었다. 그 과정에서 실력을 키우고 경험을 쌓으면서 새로운 길을 알게 되었다고 한다. 또한 세계적인 석학들과의 만남에서 자신을 소개하고, 현재 공부하고 있는 분야와 관심사를 이야기하다 보니 외국의 유명 학자들과 연결되었고, 더불어 유학에 도전하게 되었다는 것이다. 또한 그러한 인연으로 어느 교수님의 도움으로 학비와 생활비 전액을 장학금으로 지원받아 유학했다고 한다.

W는 만약 자신이 부족하다는 생각에 도전을 피했더라면, 지금의 기회를 얻지 못했을 것이라고 말했다. 그는 자신이 할 수 있는 최선을 다해 기회를 잡았고, 그 덕분에 상상하지 못했던 사람들과 만날 수 있었으며 연구할 수 있었다고 한다. 만약 고등학교 3학년 때처럼 자신을 제한하며 대학 생활을 했다면, 지금의 일들은 그저 상상 속에서만 존재했을 뿐이라고 말했다. 그는 이렇게 말했다.

"지금 와서 생각해 보면 고등학교에서 선생님을 만나 뵌 것이 정말 큰 행운이었고, 그때 배운 도전 정신이 지금의 성과로 이어졌다고 생각합니다. 이렇게 기쁜 소식을 전할 수 있어서 영광입니다. 지구 반대편에서도 제 노력을 인정받아 정말 기쁩니다."

　살아가면서 우리는 언제나 어려운 도전에 직면하게 된다. 그리고 그 도전은 두려움으로 다가올 수 있다. 그러나 두려움이 느껴지는 것은 주로 남의 평가나 시선을 의식할 때다. 반대로 자신의 내면을 믿고 자신이 바라보는 시선으로 도전을 마주하면, 그 도전은 새로운 기회로 다가올 수 있다. 그것은 더운 여름날 우리의 몸을 식혀 주는 시원한 바람처럼 느껴질 수 있다. 그 바람은 평생 우리를 돕는 존재가 될 것이다.

　세계의 거의 모든 신화에서 영웅은 두려움을 피하지 않고 당당히 맞선다. 우리 청소년들도 스스로 영웅이 되어 두려움을 극복하고 한 발짝 내딛어야 한다. 그렇게 자신을 믿어야 한다. 결과가 어떻든 도전해야만 성과를 이룰 수 있다. 그것은 현재의 나보다 더 나은 나를 만드는 과정이며, 인생을 더 풍요롭게 만드는 방법이다. 미국 종교가인 히버 그랜트Heber J. Grant는 이렇게 말했다.

　"인생에서 어려움은 큰 파도처럼 다가옵니다. 하지만 우리가 그 파도를 피하지 않고 똑바로 바라보면, 그 파도는 잔잔한 물결로 바뀌게

됩니다. 파도의 위력이 약해진 것이 아니라, 우리의 능력이 강해졌기 때문입니다."

인생에서 무엇을 하고자 할 때는 반드시 어려움이 따른다. 처음 그 어려움을 마주하면 극복하기 어려워 보일 것이다. 하지만 그 어려움을 어떻게 바라보느냐에 따라 다른 모습으로 보일 수 있다. 그것은 우리를 위협하는 큰 장애물이 될 수도 있지만, 조금 힘들다 해도 극복할 수 있는 도전일 수도 있다. 자신이 직면한 어려움을 자기 내면의 용기와 의지로 바라보려는 노력이 필요하다. 그래야 어려움이 시원한 바람처럼 느껴질 것이다. 다만 그 시선에는 마음의 여유가 있어야 한다.

돈과
시간

우리 인생에는 돈과 시간 중 하나를 선택해야 하는 상황이 자주 발생한다. 그때마다 무엇을 선택할지는 개인의 시간과 돈에 대한 인식, 인생 목표나 열정 등 여러 요소에 따라 달라진다. 하지만 자신과 미래에 대한 통찰력이 없다면, 주어진 기회를 제대로 활용하지 못할 뿐만 아니라, 돈과 시간을 허비할 수 있다. 돈은 시간의 결과물이고, 시간은 돈을 벌 기회다. 돈은 시간을 살 수 있는 힘을 가지고 있고, 시간은 돈을 벌거나 쓸 수 있는 기회를 준다.

2018년에 1,2학년을 대상으로 진학 상담을 하러 서울의 어느 일반 고등학교에 갔을 때의 일이다. A 학생이 어머니와 함께 찾아왔다. 그 학생의 성적은 모든 과목이 5등급에서 6등급 정도였고, 과목별 점수도 비슷했다. 한마디로 공부를 제대로 하지 않은 점수였다. 학생은 서울에 있는 대학에 가고 싶어 학원에서 열심히 공부한다고 했다. 하지만 어머니는 서울에 있는 대학에 합격하는 것도 좋지만, 학원비를 줄였으면 좋겠다고 했다.

그 학생에게 몇 과목이나 학원에 다니는지 물었다. 학생은 주요 과목을 모두 다닌다고 했다. 주요 과목이 5과목이면, 과목당 30만 원씩 한 달에 약 150만 원의 학원비가 드는 셈이었다. 왜 전 과목을 학원에 다니는지 다시 물었다. 학생은 학원에 다니지 않으면 성적이 나오지 않기 때문이라고 했다. 학원에 다니면 5등급이 되고, 안 다니면 6등급이라는 것이다. 나는 깜짝 놀랐다. 학원 선생님들의 피나는 노력의 결과가 겨우 5등급이라니. 전 과목을 학원에 다녀 5등급을 유지하고 있으니, 어머니가 학원비를 줄이려는 이유가 분명해 보였다.

나는 그에게 혼자 공부할 수 없는지 물었다. 그는 고개를 저으며, 혼자서는 절대로 공부를 못 한다는 것이다. 나는 이 학생을 만난 후 여러 가지 생각이 들었다. 학원비에 부담을 느끼는 어머니와 달리, 비싼 학원비를 쓰면서도 큰 성과를 내지 못하는 아들의 모습에서 돈과 시간에 대한 교육이 필요함을 느꼈다.

돈을 너무 가볍게 생각하는 것은 자본주의 사회에서 바람직한 사고방식이 아니다. 돈을 투자했다면 그 투자에 대한 성과가 있어야 한다. 학원에 다니면서 성적을 올리지 못한다면, 학원에 다닐 필요가 없다. 학원에서 학교 수업 내용을 다시 배우는데도 효과가 없다면, 시간과 돈을 잘못 투자하는 것이다. 차라리 그 돈을 아껴 종잣돈을 모으고, 직업 교육을 받는 것이 더 현명한 선택일 수도 있다.

2018년, 내가 일하던 고등학교 1학년 학생들을 대상으로 사교육 실태 조사를 한 적이 있다. 전체 학생 중 90% 이상이 학원에 다니고 있었고, 보통 학원 2~3개가 기본이었다. 당시 학원비는 한 달에 약 50~70만 원 선이었다. 물론 대략적인 조사여서 실제와는 차이가 있을 수 있지만, 많은 학생이 자기 스스로 해야 할 공부를 학원에 의존하고 있다는 사실은 분명해 보였다.

나는 학생들에게 물었다. "스스로 공부할 수 있는데 왜 학원에 다니니?" 학생들은 혼자 공부하면 어렵고, 학원에서는 선생님이 모르는 것을 가르쳐 줘서 더 쉽게 공부할 수 있다고 답했다. 그러나 그들의 성적을 보면, 학원에 다니는 것과 그렇지 않은 것의 차이는 거의 없었다. 그 대답에는 설득력이 부족했다. 나는 학생들이 공부가 어렵다고 지레 겁을 먹고, 스스로 해낼 수 없다고 생각하는 것뿐이라고 느꼈다. 학교 공부 위주로 자신만의 공부 프로그램을 짜고 노력하면 충분히 극복할 수 있다. 혼자 공부해도 충분히 A 학생 이상의 성적을 거둘 수 있다. 내가 경험한 바로는 SKY 대학에 진학한 제자들 중 혼자 공부해서 성공한 경우가 꽤 많다. 학원을 무작정 다니지 말라는 것이 아니다. 효율적으로 다니라는 말이다. 제자들 중에는 학원을 잘 활용하여 성적을 크게 향상시키고, 자신들이 원하는 국내 최고의 대학에 진학한 이들도 많다.

돈을 썼다면 시간을 절약할 수 있어야 하고, 시간을 썼다면 돈을 아끼거나 벌 수 있어야 한다. 그래서 '시간은 금이다'라는 명언이 생긴 것이다. 학원비를 썼다면 그만큼 성취도가 높아야 하고, 다른 공부할 시간을 벌어야 한다. 많은 학생이 그렇지 못한 이유는, 돈과 시간을 제대로 사용하는 방법을 배우지 않았기 때문일 수 있다. 학원비를 내며 공부하는 자녀에게는 시간과 돈의 중요성을 가르쳐야 한다. 돈의 중요성을 모르면 시간의 중요성도 모른다. 그런 자녀에게는 돈을 들여 공부를 시키는 것보다, 그 돈을 자녀의 통장에 넣어 종잣돈으로 만드는 것이 더 현명한 선택일 수 있다. 이는 아이의 장래를 준비하는 방법이자 부모의 노후를 대비하는 지혜이기도 하다.

의사 친구 Dr. Lee는 '돈은 생명을 유지하는 피'라고 말했다. 피가 없으면 사람이 죽듯, 돈이 없으면 삶을 유지할 수 없다. 돈이 삶에 영양을 공급하고, 쓸모없는 것을 내보내며 생명을 유지하는 조건을 만들어 주듯이, 돈은 삶을 유지하는 중요한 역할을 한다. 돈을 함부로 쓰는 것은 생명을 소홀히 대하는 것과 같다고 했다. 돈이 없으면 자녀를 키우거나 교육할 수도 없다.

돈과 시간은 소중하다. 돈과 시간을 사용했다면 그만큼의 가치를 창출해야 한다. 어떤 사람은 돈이 인생의 전부이고, 어떤 사람은 시간이 인생의 전부다. 돈이 없어 삶을 포기해야만 하는 이들에게는 돈이 인생의 전부다. 그러나 경제적 여유가 있는 사람들은 시간을 유용하게 쓸 수 있어 시간당 더 큰 가치를 창출할 수 있다. 시간보다 돈을 중요하게 생각하는 선택은 시간을 투자해 돈을 벌기 위해 준비하는 것이다.

청소년 시기에 돈과 시간을 아낄 수 있는 사람으로 성장하도록 하는 교육이 필요하다. 돈을 귀하게 여기고 낭비하지 말아야 한다. 돈을 제대로 다루고, 경제적으로 자립할 수 있어야 자기 꿈을 이루기가 더 쉽다. 반면, 아무리 꿈을 위해 노력해도 경제적 자립이 이루어지지 않으면 꿈을 이루기가 어렵다. 자본주의 사회이기 때문이다. 이를 간과해서는 안 된다. 돈 앞에서 선의는 없다.

2017년 2월, 한국보건사회연구원에서 발표한 자료에 따르면, "청년층일 때 빈곤을 경험하게 되면 다시 빈곤을 경험할 가능성이 높아지고, 이후 나이가 들어도 빈곤 경험이 잔상으로 남아 탈빈곤할 가능성이 낮아진다."라고 했다. 즉, 청년 시절에 경제적 자립을 이루지 못하면 빈곤의 고리를 끊기 어려울 수도 있다는 것이다.

인공지능의 발달로 일자리가 줄어들고, 수명이 100세를 넘기는 시대에서 가장 중요한 진로는 '젊을 때 경제적으로 자립할 수 있는 진로를 선택하고, 그에 필요한 능력'을 키우는 것이어야 한다. 생존은 학벌보다 가치 있고, 생계는 모든 사람이 가진 본능이면서 위대한 꿈이다.

다시
아이를 키운다면

　난 아들을 둘 키운다. 내 아이들을 사랑하지만, 그들을 끝까지 먹여 살릴 능력은 없다. 그들이 스스로 벌어서 여유로운 삶을 살기를 원한다. 좋은 배우자를 만나서 결혼도 하고, 자녀도 몇 명 낳아 행복한 삶을 살기를 원한다. 내 아들들이 인생에서, 이 자본주의 사회에서 행복할 수 있는 가장 중요한 요소는 무엇일까? 어떻게 하면 자녀가 성공적인 삶을 살 수 있을까?

　인공지능의 1년은 다른 산업혁명의 100년 이상의 효과가 있다고 한다. 그 정도의 충격으로 일자리는 크게 변화할 것이다. 인공지능은 먼저 고학력, 고소득자의 일자리를 대체할 것이다. 인공지능에 대체되지 않는 존재가 되어야 한다. 그렇지 못하면 어느새 일자리를 잠식당하고 말 것이다.

　백세 시대에 우리는 이제 퇴직 후에도 계속 새로운 일자리를 몇 번이고 찾아야 하는 시대가 되었다. 이는 새로운 일자리를 위해 새로운 공부를 하거나 기술을 익혀야 함을 의미한다. 그런데 나이가 들어감에 따라 우리의 학습 능력은 떨어진다. 기술은 계속 발전하는데 학습 능력이 떨어지기 때문에 새로운 일자리를 찾기 어려운 악순환이 반복될 수 있다. 이에 미래를 예측하는 사람들은 인공지능의 발전이 부의 양극화를 더욱 심하게 할 것이라고 내다봤다.

　새로운 기술로 인해 일자리를 잃었던 사람들은 그 기술을 습득해서 그 일자리로 돌아갈 확률은 굉장히 낮다고 한다. 일자리를 잃은 대부분의 사람들은 전보다 훨씬 나쁜 일자리를 구하게 될 확률이 높다. 인공지능의 발전은 사람의 일자리를 줄이지만, 새로운 일자리도 나타날 것이다. 하지만 일자리가 줄어드는 것과 새로운 일자리가 나타나는 시기는 상당한 시간의 차이가 있으므로, 인공지능에 의해 일자리를 잃는 사람들은 어렵게 살거나, 인공지능 일자리의 혜택을 받지 못할 수 있다.

우리 자녀들의 시대는 이것이 보편화될 것이다. 따라서 어려운 상황을 극복할 수 있는 역량을 청소년 때부터 키워야 한다. 이러한 능력은 평생에 걸쳐서 직업을 찾는 능력이 될 것이고, 인공지능의 위협으로부터 일자리를 보전하는 능력이 될 것이다. 나는 이 능력을 2가지로 강조하고 싶다. '문해력'과 '대인관계 능력'이다. 문해력은 성과를 내는 능력이며, 대인관계 능력은 리더십, 소통 능력, 인성을 포함하는 능력이다.

- 문해력: 생성형 인공지능에게 정확히 질문하는 데 기본적인 능력. 호모 프롬프티쿠스^{Homo prompticus}
- 대인관계 능력: 성공의 결실을 위한 필수 요소인 다른 사람과 관계를

잘 맺는 능력. 호모 엠파티쿠스^{Homo emphaticus}

인공지능 시대의 문해력은 인공지능에게 질문을 제대로 할 수 있는 능력이다. 김난도 교수는 『트렌드 코리아 2024』에서 이를 호모 프롬프트스라고 했다. 앞으로 인공지능이 많은 일을 대신하거나 도와주기 때문에, 인공지능을 제대로 이용하려면 질문을 잘해야 한다는 것이다. 질문을 잘하려면 내가 아는 지식이 넓고 깊어야 한다. 문제를 풀고 정답을 찾는 일이 학교에서도 이루어지겠지만, 인공지능에게 질문하고 답을 보면서 토론을 자주 해보자. 문해력 공부의 교재로, 교과서만큼 자료와 지식을 잘 정리한 교재도 드물다.

최배근 교수는 『호모 엠파티쿠스가 온다』에서 공감을 잘하는 인간일수록 성공 확률이 높고, 문제가 있을 때 혼자보다 네트워크가 연결된 사람이 해결을 잘한다고 했다. 이는 복잡계 네트워

크 이론의 창시자인 앨버트 라슬로 바라바시 교수의 성공 공식
에서도 밝혔다. 성공은 개인이 성과를 내는 것이 기본이지만 그
것으로 성공하였다고 할 수 없다. 그 성과를 낸 개인이 속한 공
동체에서 어떻게 반응하는가에 따라서 성공 여부가 갈린다. 즉,
그의 공동체에서 크게 환영받고 성공했다고 인식하게 되면, 그
성과는 경계를 넘어 성공으로 돌아온다는 것이다. 다른 사람의
인식이 성공의 열쇠라고 한다. 따라서 성공하려면 노력과 성과
도 중요하지만, 개인이 맺고 있는 다른 사람과의 관계, 즉 연결
망이 어떤가가 중요한 요소이다.

　개인적인 성과를 성공으로 평가받기 위해서는 타인에게 호감
을 갖게 하는 요소가 있어야 한다. 다른 사람과의 관계가 좋은
사람이, 즉 다른 사람과의 연결망이 좋은 사람이 성공하게 되는
것이다. 이에 나는 학생들에게 다른 사람과 좋은 관계를 맺으라
고 권한다. 나의 이익도 중요하지만, 그들을 도와주고 배려하는
것이다.

새로운 일자리를 구할 때도 개인적인 성과의 능력과 연결망은 중요한 작용을 한다. 처음 구직활동을 할 때도 마찬가지다. 연결망은 개인의 성과와 대인관계 능력(공감 능력)에 의해 좌우된다.

　학생부종합전형으로 대학에 진학하려면 일찍부터 진로를 결정해야 한다고 말하지만 늦어도 괜찮다. 무전공 선발도 있고, 전과와 복수전공도 있다. 실력이 뛰어나면 얼마든지 대학에 합격할 수 있다. 청소년 시기에는 실력을 키우는 데 집중하자. 다른 사람과의 관계를 맺는 능력도 키우자. 이것은 서울대에서 원하는 인재상과도 부합한다.

　인공지능 시대에 또 중요한 것이 '부모교육'이다. 부모가 미래와 자녀를 바라보는 시각이다. 과거와 점수에 집착하지 말고, 새로운 시대를 맞이하는 개방성이 필요하다. 인공지능 시대에는 지혜로운 사람과 지혜롭지 않은 사람의 간극이 더 벌어질 수 있다는 것을 알아야 한다. 인공지능 시대에 적응하는 사람과 적응하지 못하는 사람의 간극도 커질 것이다. 앞으로는 인공지능이 못 하는 일을 하는 사람과, 인공지능 때문에 자기 일을 빼앗기는 인간으로 분류될 것이라고 말하는 학자도 있다.

개방적인 사고로 새로운 지식과 교양, 인공지능을 활용하기 위한 공부와 교양이 중요함을 인식하자. 자녀가 호기심을 갖고, 다른 사람과 협력하는 능력을 키우고 가정에서 함께 책을 읽고 대화하는 가정을 만들어보자. 내가 다시 아이를 키운다면, 이러한 가르침과 더불어 몸과 마음의 건강을 위한 운동을 통해 강인한 정신력도 더불어 키워줄 것이다. 그리고 눈을 맞추고 함께 책을 읽으며 토론하는 시간을 충분히 갖겠다.